초등 영어
처음 독해

저자

주선이

영어교육과 스토리텔링을 전공했고, 전통적인 영어교수법을 다양한 매체와 접목한 영어 프로그램을 기획, 개발하고 있다. 대교, 천재교육, 언어세상, 사회평론, YBM 시사, NE능률 등과 다수의 영어 교재를 집필하고, 영어 학습앱 '캐치잇 잉글리시'의 콘텐츠 개발을 총괄했다. 현재 ㈜유엔젤에서 유아영어 '플라잉(flyEng)'의 개발 PM과 교사 교육을 맡고 있다.

대표 저서

『초등 영어를 결정하는 파닉스』, 『초등 영어를 결정하는 영문법』, 『초등 영어를 결정하는 파닉스와 문장』, 『초등 영어를 결정하는 문장 읽기 with 파닉스』, 『기적의 영어 문장 만들기』, 『기적의 영어문장 트레이닝』, 『바빠 영어시제 특강』, 『초등학생 소리별 영단어』 등

초등 영어
처음 독해

저자 주선이
초판 1쇄 인쇄 2023년 7월 17일
초판 1쇄 발행 2023년 7월 27일

발행인 박효상 **편집장** 김현 **기획 · 편집** 장경희, 김효정 **디자인** 임정현
교정 · 교열 진행 홍윤영 **표지 · 내지 디자인** 김민정 **마케팅** 이태호, 이전희 **관리** 김태옥
종이 월드페이퍼 **인쇄 · 제본** 예림인쇄 · 바인딩 **녹음** YR미디어

출판등록 제10-1835호 **발행처** 사람in
주소 04034 서울시 마포구 양화로 11길 14-10(서교동) 3F
전화 02) 338-3555(代) **팩스** 02) 338-3545 **E-mail** saramin@netsgo.com
Website www.saramin.com

책값은 뒤표지에 있습니다. 파본은 바꾸어 드립니다.

ISBN
979-11-7101-003-5 64740
978-89-6049-808-2 (set)

우아한 지적만보, 기민한 실사구시 사람in

어린이제품안전특별법에 의한 제품표시	
제조자명 사람in	**전화번호** 02-338-3555
제조국명 대한민국	**주 소** 서울시 마포구 양화로
사용연령 5세 이상 어린이 제품	11길 14-10 3층

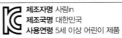

초등 영어
처음 독해

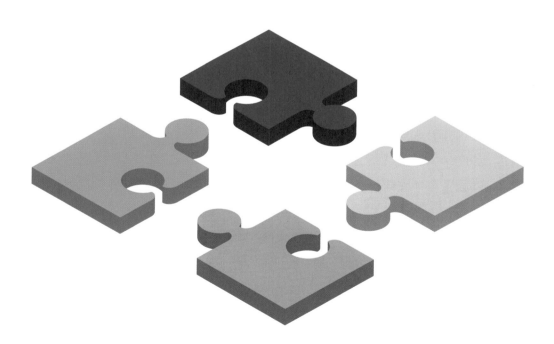

사람in
saram
in.com

초등 고학년부터 전략적 읽기가 필요해요

초등 고학년은 영어 학습에서 중요한 전환점을 맞는 시기입니다. 어휘량도 늘고, 문법 학습도 병행해야 하죠. 이때 문장이 조금만 길어도 읽기를 포기하거나 해석할 때 실수가 잦은 경우가 많아요. 이러한 문제점을 해결하면서 본격적인 장문 독해와 원서 읽기를 위한 기초는 어떻게 다져야 할까요?

읽기 전략 1 끊어 읽기를 통해 읽기 부담을 줄이고, 정확하게 이해해요

단어 중심으로 문장을 읽으면 문장 읽는 호흡이 길어 시간이 오래 걸리고 정확한 뜻을 알 수가 없어요. 덩어리(청크, chunk)로 문장을 끊어 읽으면 문장을 더 빨리, 정확하게 파악할 수 있어요. 덩어리로 나뉘어진 문장은 머릿속에 저장하기 쉬워져 문장의 이해도를 높이고, 더 잘 기억하게 돼요. 그렇다고 다음과 같이 편한대로 끊어 읽으면 문장을 제대로 이해할 수가 없어요.

My / brother bought a / new computer at / the store last / week. (×)

읽기 전략 2 의미 덩어리(청크)로 끊어 읽고, 문장의 구조를 함께 파악해요

문장을 구성하는 의미 덩어리로 읽어야만 문장 구성 요소와 그 역할을 자연스럽게 습득할 수 있어요. 의미 덩어리는 문장 성분에 따라 '주어, 서술어/동사, 목적어, 보어, 수식어'처럼 5개로 나눌 수 있어요.

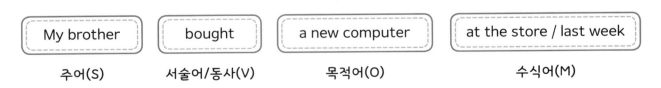

정확한 문장 이해를 위해서는 청크로 끊어 읽는 연습과 동시에 문장 뼈대를 이루는 필수 성분 '주어, 동사, 보어/목적어'를 빠르게 파악할 수 있어야 해요.

읽기 전략 3 다양한 글감으로 기초 리딩 스킬(Reading Skills)을 익혀요

독해력을 키우기 위해서는 패턴 형태의 간단한 문장 읽기만으로는 부족해요. 다양한 길이와 장르의 글을 통한 반복적인 읽기 훈련이 필요하죠. 또한, 글의 문맥을 이해할 수 있는 리딩 스킬을 함께 배워야 해요. 이런 훈련을 거쳐야 어떤 글도 겁내지 않고 거침없이 읽을 수 있게 되죠. 어느 순간 영어가 마술처럼 우리말 읽듯이 술술 읽히고, 쉽게 이해가 될 거예요.

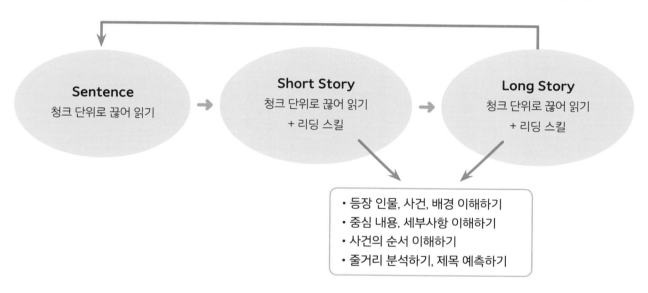

이 책에서 소개하는 학습법은 독해의 기초 체력을 키우는 코어(core) 운동과 같아요. 초등 영어에서 다음 단계인 중등 영어로 넘어가는 데 든든한 사다리 역할을 해 줄 거예요. 오랜 시간 현장에서, 초등부터 수능 입시 영어를 지도하며 그 효과도 확인할 수 있었어요.

이 한 권의 책을 위해 함께 오랫동안 고민하고, 수고를 아끼지 않은 모든 분들께 감사드립니다.

주선이

구성 및 특징

문장의 구조를 알아야 제대로 된 독해가 된다! 문장 구조를 익히는 Skill Book

☑ 다이어그램 정리

본문에서 연습하게 될 문장의 뼈대를 형성하는 다이어그램(diagram)의 구성을 미리 살펴본다.

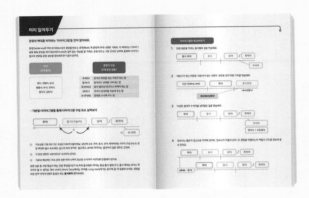

☑ 홀수 Unit

문장 속에서 명사, 동사, 형용사 등의 품사가 하는 역할을 문장 구조를 해부하며 살펴본다. 단어(Word) 익힘 - 규칙(Rule) 확인 - 청크(Chunk) 순서로 문장 구조를 익힌다.

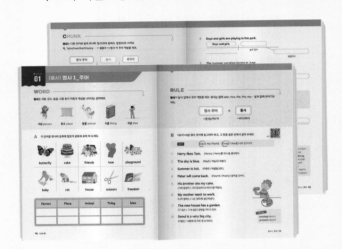

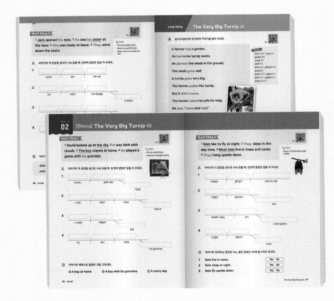

☑ 짝수 Unit

짧은 이야기와 동화를 읽으며
문장을 해부하고 내용 이해 문제까지 풀어본다.
짧은 이야기(Short Story) 3개 + 긴 이야기(Long Story) 1개

☑ 정답

각 Unit 문제의 답과 해석을 확인한다.

『초등 영어를 결정하는 영문법』책을 함께 보면
홀수 Unit의 품사에 관해 더 자세히 알 수 있어요.

미리 알아두기

문장의 뼈대를 파악하는 '다이어그램'을 먼저 알아봐요.

문장(Sentence)은 여러 단어(Word)가 문장을 만드는 규칙(Rule), 즉 문법에 따라 나열된 거예요. 이 책에서는 다이어그램을 통해 문장을 의미 덩어리(Chunk)로 끊어 읽는 연습을 할 거예요. 문장 만드는 기본 단위인 단어의 종류와 다이어그램으로 분류할 문장 성분을 정리해보면 다음과 같아요.

단어 (8개 품사)		문장의 구성 (5개 문장 성분)

단어 (8개 품사)

명사, 대명사, 동사,
형용사, 부사, 전치사,
접속사, 감탄사

문장의 구성 (5개 문장 성분)

주어(S)	동사의 행위를 하는 주체가 되는 말
동사(V)	동작이나 상태를 나타내는 말
목적어(O)	동사 행위의 대상이나 목적이 되는 말
보어(C)	주어나 목적어를 보충해 주는 말
수식어(M)	문장을 수식해 주는 말

• 기본형 다이어그램을 통해 다이어그램 구성 요소 살펴보기

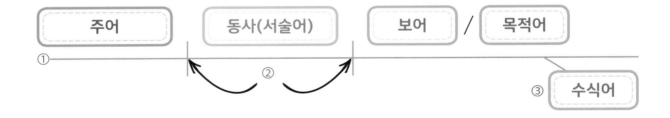

① 가로선을 기준으로 2단 구성된 다이어그램이에요. 상단에 오는 주어, 동사, 보어, 목적어라는 4가지 구성 요소는 문장 뼈대의 필수 요소예요. 동사에 따라 주어만 필요하고, 보어와 목적어는 필요하지 않은 경우도 있어요.

② 각 문장 성문은 세로선으로 나뉘어져 있어요.

③ 가로선 하단에는 주요 문장 성분 외의 나머지 요소인 수식어가 사선으로 연결되어 있어요.

문장 성분 중 가장 중심이 되는 것은 무엇일까요? 네, 바로 동사예요! 주어는 항상 동사 앞에 오고, 동사 뒤에는 보어나 목적어가 올 수 있어요. 짝수 Unit의 Short Story에서는 주어를, Long story에서는 동사에 좀 더 집중해 보세요. 문장을 보면 먼저 다이어그램의 중심이 되는 **동사부터** 찾아보세요.

1 문장 성분을 이루는 품사별로 집중 연습해요.

2 의문사가 있는 의문문, 의문사가 없는 의문문, 명령문 등의 문장 구조를 연습해요.

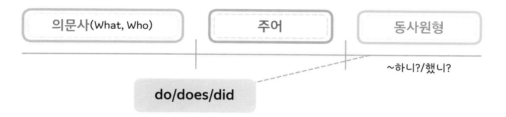

3 다양한 형태의 수식어를 성격별로 집중 연습해요.

4 접속사는 별도의 점선으로 이어져 있어요. 접속사가 어떻게 단어, 구, 문장을 연결하는지 역할과 구조를 한눈에 볼 수 있어요.

WORD

명사란 사람, 장소, 동물, 사물 등의 이름과 개념을 나타내는 말이에요.

사람 person

장소 place

동물 animal

사물 thing

개념 idea

A 각 단어를 명사의 종류에 알맞게 분류해 표에 써 보세요.

butterfly

cake

friends

love

playground

baby

cat

house

scissors

freedom

Person	Place	Animal	Thing	Idea

RULE

명사가 동사 앞에서 주어 역할을 해요. 명사는 앞에 a/an, two, the, this, my… 등과 함께 쓰이기도 해요.

명사 주어 + 동사

~은/는/이/가   …이다/하다

B <보기>처럼 명사 주어에 동그라미 하고, 그 뜻을 괄호 안에서 골라 보세요.

001

| 보기 | Sue is my friend. (Sue는 / Sue를) 나의 친구이다. |

1 **Harry likes Tom.** (Harry는 / Harry를) Tom을 좋아한다.

2 **The sky is blue.** (하늘은 / 하늘로) 파랗다.

3 **Summer is hot.** (여름은 / 여름을) 덥다.

4 **Peter will come back.** (Peter와 / Peter는) 돌아올 것이다.

5 **His brother ate my cake.**
(그와 동생이 / 그의 동생이) 내 케이크를 먹었다.

6 **My mother went to work.**
(나의 엄마는 / 나는 엄마와) 출근하셨다.

7 **The new house has a garden.**
(그 집은 / 그 새 집은) 정원을 가지고 있다.

8 **Seoul is a very big city.**
(서울은 / 서울에서) 아주 큰 도시이다.

Words
come back 돌아오다
go to work 출근하다

CHUNK

명사는 다른 단어와 함께 하나의 청크(의미 덩어리, 말뭉치)로 쓰여요.
즉, '(a/an/two/the/this/my … + 형용사 +) 명사'가 주어 역할을 해요.

C   명사 주어의 뜻을 쓰고, 빈칸에 알맞은 말을 써 보세요.

002

1   James cried out in his dream.

James	
James는	소리를 질렀다

그의 꿈속에서

2   Polar bears live on snow and ice.

Polar bears	
	산다

눈과 얼음 위에서

3   An orange is falling off the table.

An orange	
	떨어지고 있다

식탁에서

4 Boys and girls are playing in the park.

Boys and girls 　/　 놀고 있다 　/　 공원에서

5 The summer vacation begins in June.

The summer vacation 　/　 시작한다 　/　 6월에

유형 2　명사 주어　동사　목적어　수식어
the / that / my / his …
+ 명사

6 That monkey is eating bananas.

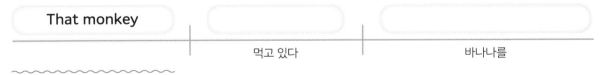

That monkey 　/　 먹고 있다 　/　 바나나를

7 Her friend hit the ball.

Her friend 　/　 쳤다 　/　 공을

8 His brother solved the problem.

His brother 　/　 풀었다 　/　 그 문제를

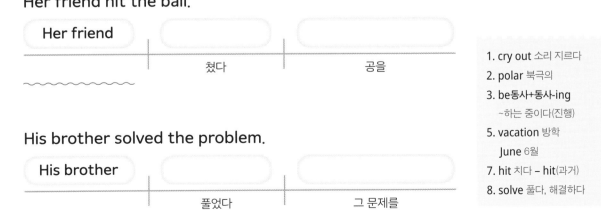

1. cry out 소리 지르다
2. polar 북극의
3. be동사+동사-ing
   ~하는 중이다(진행)
5. vacation 방학
   June 6월
7. hit 치다 – hit(과거)
8. solve 풀다, 해결하다

9 My friends and I play soccer outside.

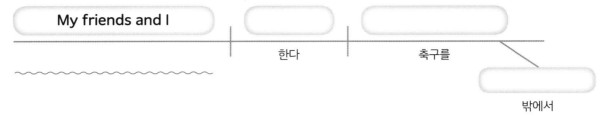

My friends and I ┃ 한다 ┃ 축구를

밖에서

10 My class took a field trip to the zoo.

My class ┃ 가졌다 ┃ 현장 학습을

동물원에

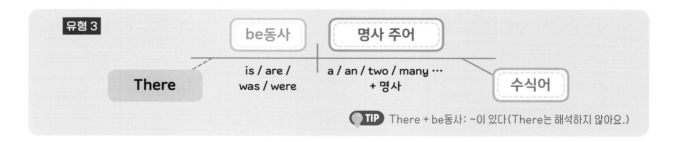

유형 3   be동사   명사 주어

There   is / are / was / were   a / an / two / many ··· + 명사   수식어

TIP There + be동사: ~이 있다(There는 해석하지 않아요.)

11 There is a full moon tonight.

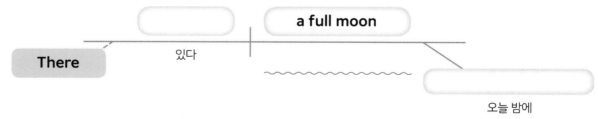

a full moon

There   있다

오늘 밤에

12 There are three cats on the roof.

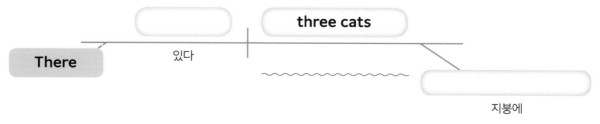

three cats

There   있다

지붕에

13 There was a spider in the bathtub.

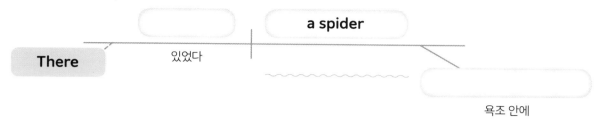

There 있었다 | a spider

욕조 안에

14 There were many people at the party.

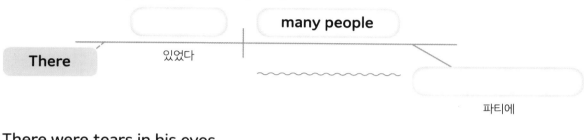

There 있었다 | many people

파티에

15 There were tears in his eyes.

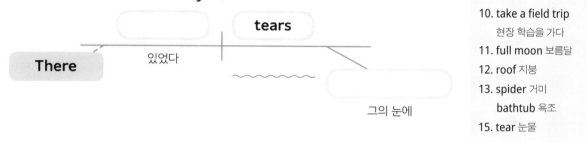

There 있었다 | tears

그의 눈에

10. take a field trip
    현장 학습을 가다
11. full moon 보름달
12. roof 지붕
13. spider 거미
    bathtub 욕조
15. tear 눈물

D <보기>처럼 주어에 해당하는 명사에 동그라미 하고, 끊어 읽기 표시를 해 보세요.

보기　　　Jenny / was / at home / last night.

1 Hillside Park is near my house.

2 Cathy wore a hat yesterday.

3 There are many books here.

4 Jim and Bob washed the dishes.

5 My mother cooked a meal for me.

[Story] The Very Big Turnip (1)

Short Story 1

003

¹ David looked up at <u>the sky</u>. ² **It** was dark with clouds. ³ <u>The boy</u> stayed at home. ⁴ **He** played a game with **his** grandpa.

Point
• It은 the sky를 대신해요.
• He와 his는 The boy를 대신해요.

A 이야기의 각 문장을 청크로 나눠 읽을 때, 빈칸에 알맞은 말을 써 보세요.

1

David는   올려다 봤다

하늘을

2

그것은   이었다   어두운

구름으로

3

그 소년은   머물렀다

집에

4

그는   했다   게임을

그의 할아버지와

B 이야기의 제목으로 알맞은 것을 고르세요.

ⓐ A boy at home   ⓑ A boy with his grandma   ⓒ A sunny day

¹ Bats like to fly at night. ² They sleep in the day time. ³ Most bats live in trees and caves. ⁴ They hang upside down.

004

🖑 Point
• They는 각각 Bats와 Most bats를 대신해요.

A 이야기의 각 문장을 청크로 나눠 읽을 때, 빈칸에 알맞은 말을 써 보세요.

1

박쥐들은	좋아한다	밤에 나는 것을

2

그것들은	잠을 잔다

낮에

3

대부분의 박쥐는	산다

나무와 동굴에서

4

그것들은	매달린다

거꾸로

B 이야기와 일치하는 문장은 Yes, 틀린 문장은 No에 동그라미 하세요.

1 Bats live in caves.   Yes   No

2 Bats sleep at night.   Yes   No

3 Bats fly upside down.   Yes   No

005

1 Jack opened his eyes. **2** He saw his sister at the door. **3** She was ready to leave. **4** They went down the stairs.

 Point

- his, He는 Jack을 대신해요.
- She는 his sister를 대신해요.
- They는 Jack과 his sister를 대신해요.

A 이야기의 각 문장을 청크로 나눠 읽을 때, 빈칸에 알맞은 말을 써 보세요.

1
Jack은	떴다	그의 눈을

2
그는	보았다	그의 여동생을

문 앞에서

3
그녀는	이었다	준비가 된

떠날

4
그들은	갔다

계단 아래로

B 이야기와 일치하도록 빈칸에 알맞은 단어를 써 보세요.

Jack has a sister. She was at the 1) _____.

Jack went down the 2) _____ with his sister.

The Very Big Turnip (1)

A 동사(서술어)에 주의하며 이야기를 들어 보세요.

006

A farmer had a garden.

He had some turnip seeds.

He planted the seeds in the ground.

The seeds grew well.

A turnip grew very big.

The farmer pulled the turnip.

But it didn't move.

The farmer called his wife for help.

He said, "Come and help!"

Words

have 가지다 – had(과거)
garden 정원
turnip 순무
seed 씨앗
plant 심다 – planted(과거)
ground 땅
grow 자라다 – grew(과거)
pull 당기다 – pulled(과거)
move 움직이다

B 이야기의 각 문장을 청크로 나눠 읽을 때, 빈칸에 알맞은 말을 써 보세요.

1 A farmer had a garden.

| 농부는 | 가지고 있었다 | 정원을 |

2 He had some turnip seeds.

| 그는 | 가지고 있었다 | 순무 씨앗 몇 개를 |

3 He planted the seeds in the ground.

그는 　 심었다 　 그 씨앗들을

땅에

4 The seeds grew well.

그 씨앗들은 　 자랐다

잘

5 A turnip grew very big.

순무 하나가 　 자랐다 　 매우 크게

6 The farmer pulled the turnip.

그 농부는 　 당겼다 　 그 순무를

7 But it didn't move.

그것은 　 움직이지 않았다

But 그러나

8 The farmer called his wife for help.

그 농부는	불렀다	그의 아내를

도움을 위해

9 He said, "Come and help!"

그는	말했다	"와서 도와요!"

C 이야기를 다시 읽고, 아래 질문에 답하세요.

1 빈칸에 공통적으로 들어갈 주어를 고르세요.

- _____ had a garden.
- _____ pulled the turnip.
- _____ called his wife.

ⓐ A farmer
ⓑ A turnip
ⓒ A seed

2 이야기와 일치하도록 빈칸에 알맞은 말을 써 보세요.

A farmer planted some turnip 1) _____ in the ground.
They grew well. A 2) _____ grew very big.

[품사] 대명사 1_주어

WORD

대명사란 '명사'를 대신하는 말이에요. 사람과 사물을 가리키는 대명사를 인칭대명사라고 해요.

단수형

I	you	he	she	it
나는	너는	그는	그녀는	그것은

복수형

we	they
우리는	그들은

TIP you는 '너희들은', they는 '그것들은'이란 뜻으로도 쓰여요.

A 그림을 보고, 알맞은 대명사를 찾아 동그라미 하세요.

1

He
She
It

2

He
She
It

3

I
It
We

4

I
You
They

5

He
She
It

6

It
He
They

7

He
It
They

8
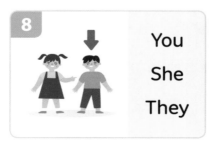
You
She
They

9
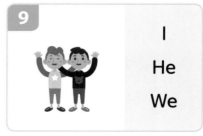
I
He
We

RULE

대명사는 동사 앞에서 주어 역할을 해요.
주어는 문장의 주인공, 행위(동사)의 주체를 나타내요.

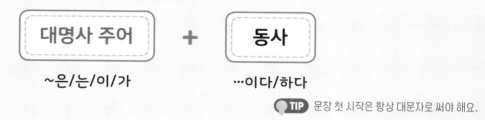

> **대명사 주어**
> ~은/는/이/가

+

> **동사**
> …이다/하다

TIP 문장 첫 시작은 항상 대문자로 써야 해요.

007

B <보기>처럼 대명사 주어에 동그라미 하고, 그 뜻을 괄호 안에서 골라 보세요.

보기    I go home. (나는 / 너는) 집에 가요.

1   **It is my book.** (그는 / 그것은) 내 책이다.

2   **He was at school.** (그녀는 / 그는) 학교에 있었다.

3   **We are swimming.** (그들은 / 우리는) 수영을 하고 있다.

4   **I am pretty.** (나는 / 우리는) 예쁘다.

5   **She went home.** (그녀는 / 그는) 집에 갔다.

6   **You saw me.** (나는 / 너는) 나를 보았다.

7   **They played soccer.** (우리는 / 그들은) 축구를 했다.

8   **It has six legs.** (그것은 / 그것들은) 다리가 6개이다.

> **Words**
> see 보다 – saw(과거)
> go 가다 – went(과거)

CHUNK

대명사 주어는 하나의 청크로 주어 자리에 와요.

I / You / We
He / She / It / They

TIP 보어로는 형용사나 명사가 와요.

C 대명사 주어의 뜻을 쓰고, 빈칸에 알맞은 말을 써 보세요.

008

유형 1

1 I walk to school.

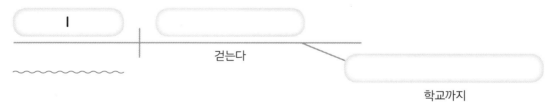

I

걷는다

학교까지

2 It ran very fast.

It

달렸다

매우 빨리

3 He played with friends.

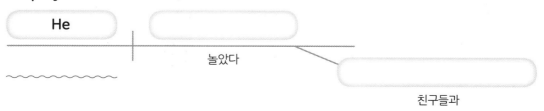

He

놀았다

친구들과

4 We get up early.

We | 일어난다 | 일찍

5 She sat on the sofa.

She | 앉았다 | 소파 (위)에

6 They went into the cave.

They | 들어갔다 | 동굴 안으로

유형 2

대명사 주어	be동사	보어
	~이다	

7 He is a vet.

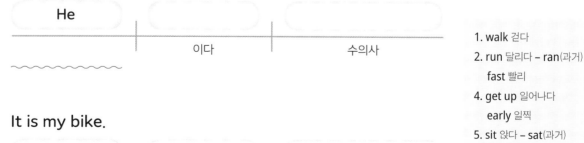

He | 이다 | 수의사

8 It is my bike.

It | 이다 | 나의 자전거

1. walk 걷다
2. run 달리다 – ran(과거)
   fast 빨리
4. get up 일어나다
   early 일찍
5. sit 앉다 – sat(과거)
6. cave 동굴
7. vet 수의사
8. bike 자전거

9 You are late.

| You | 이다 | 늦은 |

10 We are friends.

| We | 이다 | 친구들 |

유형 3 　대명사 주어　동사　목적어　수식어

11 He has a sister.

| He | 가지고 있다 | 누나를 |

12 She saw a ghost.

| She | 보았다 | 유령을 |

13 We saw a movie yesterday.

| We | 보았다 | 영화를 | 어제 |

14 They heard a noise at night.

They			
	들었다	소음을	
			밤에

15 They helped the farmer.

They		
	도왔다	그 농부를

9. late 늦은

12. ghost 유령

13. see a movie 영화를 보다

14. hear 듣다 – heard(과거)

noise 소음

D <보기>처럼 주어에 알맞은 대명사를 고르고, 끊어 읽기 표시를 해 보세요.

보기
Jenny is in the library.
→ (She / He / It) / is / in the library.

1 **The girl** has a brother.
→ (He / She / They) has a brother.

2 **Charlie and Emily** live in New York.
→ (We / You / They) live in New York.

3 **My uncle** is a tennis player.
→ (She / It / He) is a tennis player.

[Story] The Very Big Turnip (2)

Short Story 1

009

1 <u>Jean</u> was on **her** way home. 2 **She** saw her dog on the street. 3 <u>The little dog</u> wagged **his** tail. 4 **She** picked up the dog and hugged **him**.

 Point

· her와 She는 Jean을 대신해요.
· his, him은 the little dog를 대신해요.

A 이야기의 각 문장을 청크로 나눠 읽을 때, 빈칸에 알맞은 말을 써 보세요.

1

Jean은	있었다	
		집에 가는 길에

2

그녀는	보았다	그녀의 개를	
			길에서

3

그 강아지는	흔들었다	그것의 꼬리를

4

그녀는	들어 올렸다	그 개를

(and 그리고)

껴안았다	그를

B 이야기와 일치하도록 문장의 빈칸에 알맞은 단어를 써 보세요.

Jean saw her 1) _____ on her way 2) _____ .

1 A zebra has black and white stripes. **2** It looks like a small horse. **3** Zebras like to eat grass. **4** They can run very fast.

010

Point
- It과 They는 각각 A zebra와 Zebras를 대신해요.

A 이야기의 각 문장을 청크로 나눠 읽을 때, 빈칸에 알맞은 말을 써 보세요.

1

얼룩말은	가지고 있다	검고 흰 줄무늬들을

2

그것은	~처럼 보인다	작은 말

3

얼룩말들은	좋아한다	풀을 먹는 것을

4

그것들은	달릴 수 있다

아주 빨리

B 이야기의 제목으로 알맞은 것을 고르세요.

ⓐ Black stripes   ⓑ A small horse   ⓒ Zebras

011

1 On a cold winter's day, <u>a little girl</u> arrived in London. **2 She** was seven years old. **3 She** had long black hair and green eyes. **4 She** smiled, but **she** was not happy.

👆 **Point**
• She는 a little girl을 대신해요.

A 이야기의 각 문장을 청크로 나눠 읽을 때, 빈칸에 알맞은 말을 써 보세요.

1

작은 한 소녀가   도착했다

어느 추운 겨울날   런던에

2

그녀는   이었다   일곱 살

3

그녀는   가지고 있었다   긴 검은 머리

and ~와   초록색 눈을

4

그녀는   미소지었다

but 그러나   그녀는   ~이지 않았다   행복한

B 다음 질문에 알맞은 답을 고르세요.

What color was her hair?   ⓐ green   ⓑ black   ⓒ cold

The Very Big Turnip (2)

A 동사(서술어)에 주의하며 이야기를 들어 보세요.

012

The farmer's wife came and grabbed the farmer.

They pulled the turnip, but it did not come up.

The farmer's wife called the little girl.

The farmer, his wife and the little girl pulled the turnip, but it did not come up.

They called the dog, the cat and the mouse.

They pulled the turnip together.

It came out of the ground!

They made soup with the turnip and ate together.

Words

come 오다 – came(과거)
grab 잡다 – grabbed(과거))
little 어린
soup 수프
with ~로
eat 먹다 – ate(과거)

B 이야기의 각 문장을 청크로 나눠 읽을 때, 빈칸에 알맞은 말을 써 보세요.

1 The farmer's wife came and grabbed the farmer.

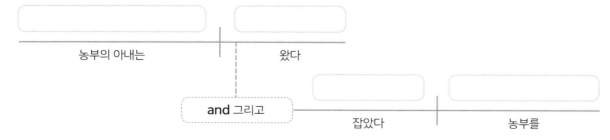

농부의 아내는   왔다

and 그리고   잡았다   농부를

2 They pulled the turnip, but it did not come up.

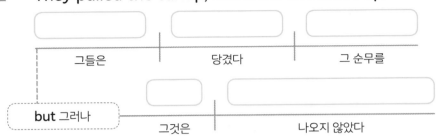

그들은	당겼다	그 순무를

but 그러나
그것은 · 나오지 않았다

3 The farmer's wife called the little girl.

농부의 아내는	불렀다	어린 소녀를

4 The farmer, his wife and the little girl pulled the turnip, but it did not come up.

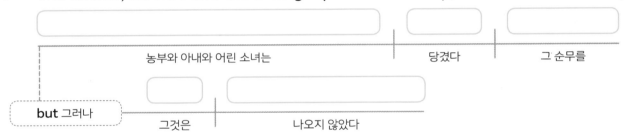

농부와 아내와 어린 소녀는	당겼다	그 순무를

but 그러나
그것은 · 나오지 않았다

5 They called the dog, the cat and the mouse.

그들은	불렀다	개와 고양이, 그리고 쥐를

6 They pulled the turnip together.

그들은	당겼다	그 순무를

함께

7 It came out of the ground!

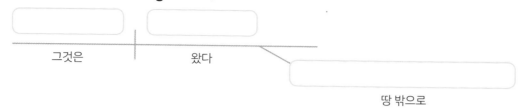

그것은   왔다

땅 밖으로

8 They made soup with the turnip and ate together.

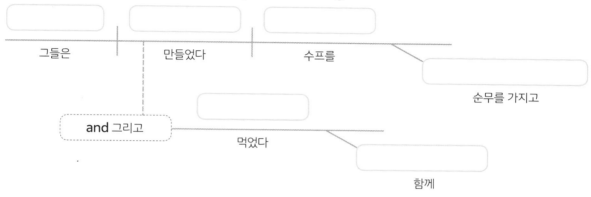

그들은   만들었다   수프를

순무를 가지고

and 그리고

먹었다

함께

C 이야기를 다시 읽고, 아래 질문에 답하세요.

1 이야기의 순서에 맞게 문장 앞에 번호를 써 보세요.

☐   The farmer and his wife pulled the turnip together.

☐   The famer's wife called the little girl.

☐   But the turnip did not come up.

2 이야기와 일치하도록 빈칸에 알맞은 단어를 써 보세요.

The farmer, his wife and the little girl 1) _____ the turnip

soup and 2) _____ together.

[품사] 동사 1_서술어

WORD

동사란 '~하다'의 뜻으로 주어의 동작이나 상태를 나타내요. '~했다'라는 의미로 과거를 나타낼 때는 모양이 바뀌기도 해요. 규칙적으로 바뀌는 동사와 불규칙적으로 바뀌는 동사가 있어요.

규칙적

learn 배우다 → learned 배웠다
like 좋아하다 → liked 좋아했다

불규칙적

go 가다 → went 갔다
eat 먹다 → ate 먹었다

A 그림을 보고, 알맞은 동사와 연결해 보세요.

1

2

ⓐ dance - danced

ⓑ shout - shouted

ⓒ study - studied

ⓓ sing - sang

ⓔ swim - swam

ⓕ draw - drew

ⓖ drink - drank

ⓗ hear - heard

3

4

5

6

7

8

RULE

'~가 …하다'라는 뜻의 문장에서는 **동사**(서술어) 앞에 보통 주어를 써요.

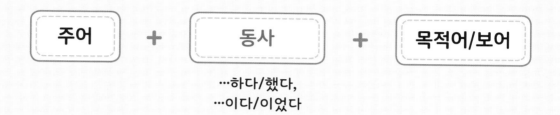

주어 + 동사 + 목적어/보어

…하다/했다,
…이다/이었다

B <보기>처럼 문장에 어울리는 동사(서술어)와 그 뜻을 괄호 안에서 골라 보세요.

013

보기

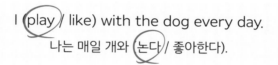

I (play / like) with the dog every day.
나는 매일 개와 (논다 / 좋아한다).

1   We (ate / washed) dinner.   우리는 저녁을 (먹었다 / 씻었다).

2   The cat (sat / drank) on the mat.   고양이가 매트 위에 (앉았다 / 마셨다).

3   He (is / sings) my favorite singer.   그는 내가 가장 좋아하는 가수(이다 / 노래한다).

4   Kate (cooks / reads) books.   Kate는 책을 (요리한다 / 읽는다).

5   Birds (help / have) nests on the trees.   새들은 나무에 둥지를 (도와준다 / 가지고 있다).

6   The dog (is / has) in the back yard.
그 개는 뒷마당에 (있다 / 갖고 있다).

7   My brother (ran / slept) fast in the race.
나의 형은 경주에서 빨리 (달렸다 / 잤다).

8   I (walk / swim) to school every morning.
나는 매일 아침 학교까지 (걸어간다 / 수영한다).

Words

mat 매트
favorite 가장 좋아하는
nest 둥지
back yard 뒷마당
race 경주

CHUNK

동사가 하나의 청크로 서술어 역할을 해요.

C 동사의 뜻을 쓰고, 빈칸에 알맞은 말을 써 보세요.

014

유형 1

1 The car stopped at the corner.

그 차는   stopped

모퉁이에서

2 The boy talked to his mom.

그 소년은   talked

그의 엄마에게

3 She slept all night.

그녀는   slept

밤새

4   His dog ran around the park.

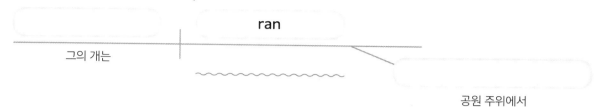

그의 개는 | ran | 공원 주위에서

5   Jimmy jumped over the pond.

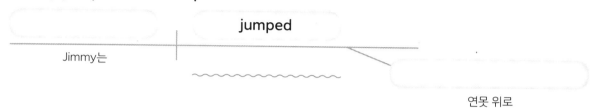

Jimmy는 | jumped | 연못 위로

유형 2

명사 주어 | 동사 | 보어

6   He became an actor.

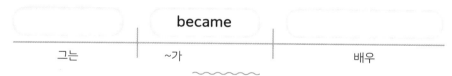

그는 | became ~가 | 배우

7   Your sister looks smart.

너의 누나는 | looks ~해 | 똑똑한

8   The idea sounds great.

그 생각은 | sounds ~하게 | 아주 좋은

3. sleep 자다 – slept(과거)
4. run 달리다 – ran(과거)
   around ~ 주위에
5. jump 뛰다
6. become ~이 되다
   – became(과거)
7. look ~하게 보이다
8. sound ~인 것 같다,
   ~처럼 들리다

9 The flowers smelled sweet.

	smelled	
그 꽃들은	~한	달콤한

10 His face turned red.

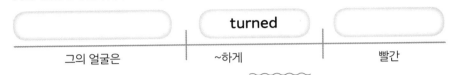

	turned	
그의 얼굴은	~하게	빨간

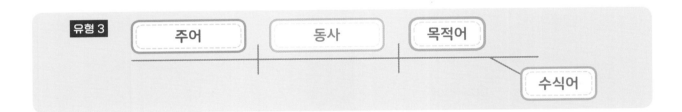

유형 3 주어 동사 목적어 수식어

11 Jenny threw the ball to Sophia.

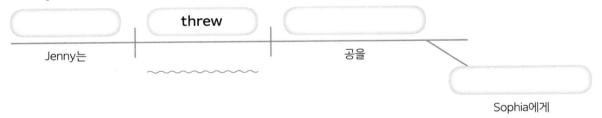

	threw	
Jenny는		공을

Sophia에게

12 We say cheese for the picture.

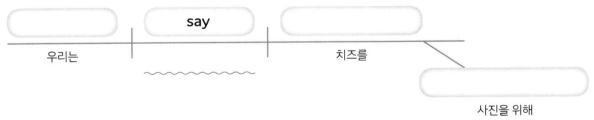

	say	
우리는		치즈를

사진을 위해

13 We eat eggs for breakfast.

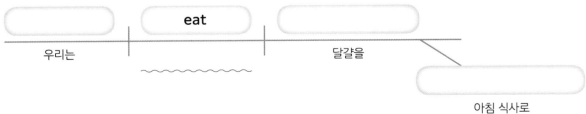

	eat	
우리는		달걀을

아침 식사로

14 Anne reads the book for two hours.

Anne은	reads	그 책을

2시간 동안

15 Her uncle drove his new car to work.

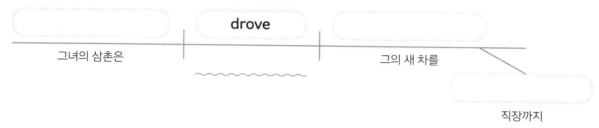

그녀의 삼촌은	drove	그의 새 차를

직장까지

9. smell ~한 냄새가 나다
10. turn ~하게 변하다
11. throw 던지다 – threw(과거)

14. read 읽다
    for ~ 동안
15. drive 운전하다 – drove(과거)

D <보기>처럼 동사에 동그라미 하고, 끊어 읽기 표시를 해 보세요.

보기   She / plays / the piano / every day.

1 My mom drinks her coffee.

2 My brother likes bananas.

3 I felt angry last night.

4 We met the players yesterday.

5 He walks his dog at night.

Short Story 1

015

¹ Mike looked at <u>his</u> sister. ² **She** pointed to the mountain. ³ A tiger was coming down toward **them**. ⁴ **It** was very near.

🔍 Point
• his는 Mike를, She는 his sister를 대신해요.
• them은 Mike와 his sister를 대신해요.
• It은 A tiger를 대신해요.

A 이야기의 각 문장을 청크로 나눠 읽을 때, 빈칸에 알맞은 말을 써 보세요.

1

Mike는	봤다	그의 여동생

2

그녀는	가리켰다	산을

3

호랑이 한 마리가	오고 있었다	아래로	그들을 향해

4

그것은	있었다	아주 가까이

B 이야기와 일치하는 문장은 Yes, 틀린 문장은 No에 동그라미 하세요.

1 Mike has a sister.　　　　Yes　No

2 The tiger was very close.　　　　Yes　No

1 <u>Spiders</u> have eight legs. **2 They** like to eat insects. **3** <u>Many spiders</u> spin a web. **4 They** use the web to catch food.

016

🖑 **Point**
• They는 (Many) spiders를 대신
해요.

A 이야기의 각 문장을 청크로 나눠 읽을 때, 빈칸에 알맞은 말을 써 보세요.

1

거미들은	가지고 있다	8개 다리를

2

그것들은	좋아한다	곤충 먹는 것을

3

많은 거미들이	친다(짓는다)	거미줄을

4

그것들은	사용한다	그 거미줄을

먹이를 잡기 위해

B 다음 질문에 알맞은 답을 고르세요.

What do spiders eat?   ⓐ insects   ⓑ web   ⓒ jelly

017

1 Bob read <u>the sentences</u> again. **2 They** were beautiful. **3** <u>Bob</u> reached into **his** backpack and pulled out **his** notebook. **4 He** always kept notes.

🖐 **Point**
· They는 the sentences를 대신해요.
· his와 He는 Bob을 대신해요.

A 이야기의 각 문장을 청크로 나눠 읽을 때, 빈칸에 알맞은 말을 써 보세요.

1

| Bob은 | 읽었다 | 그 문장들을 |

다시

2

| 그것들은 | 이었다 | 아름다운 |

3

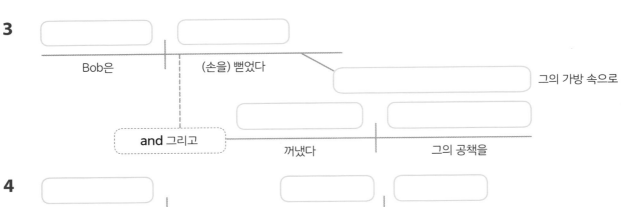

| Bob은 | (손을) 뻗었다 |

그의 가방 속으로

and 그리고

꺼냈다 | 그의 공책을

4

| 그는 | | 썼다 | 메모를 |

항상

B 이야기와 일치하도록 빈칸에 알맞은 단어를 써 보세요.

Bob read the 1) s_____ and kept 2) n_____.

The Three Little Pigs (1)

A 동사(서술어)에 주의하며 이야기를 들어 보세요.

018

Three little pigs built their houses.

The first little pig built a house of straw.

The second little pig built his house of sticks.

The two little pigs built their houses very quickly.

They sang and danced all day.

The third little pig worked hard all day.

He built his house of bricks.

A big bad wolf saw the two little pigs.

He chased the two little pigs.

They ran and hid in their houses.

Words

build 짓다 – built(과거)
straw 볏짚
stick 나뭇가지, 막대기
quickly 빨리
brick 벽돌
chase 쫓다 – chased(과거)
hide 숨다 – hid(과거)

B 이야기의 각 문장을 청크로 나눠 읽을 때, 빈칸에 알맞은 말을 써 보세요.

1 Three little pigs built their houses.

| 아기 돼지 세 마리가 | 지었다 | 그들의 집들을 |

2 The first little pig built a house of straw.

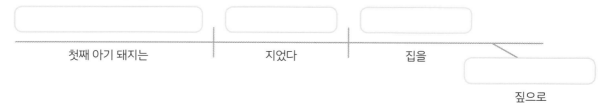

| 첫째 아기 돼지는 | 지었다 | 집을 |

짚으로

3 The second little pig built his house of sticks.

둘째 아기 돼지는   지었다   그의 집을

막대기로

4 The two little pigs built their houses very quickly.

아기 돼지 두 마리는   지었다   그들의 집들을

매우 빨리

5 They sang and danced all day.

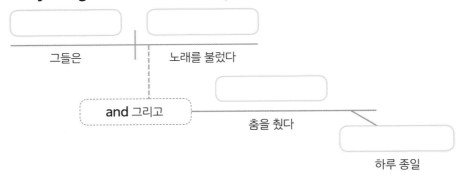

그들은   노래를 불렀다

and 그리고   춤을 췄다

하루 종일

6 The third little pig worked hard all day.

셋째 아기 돼지는   일했다

열심히   하루 종일

7 He built his house of bricks.

그는   지었다   그의 집을

벽돌로

8 A big bad wolf saw the two little pigs.

크고 나쁜 늑대가	보았다	아기 돼지 두 마리를

9 He chased the two little pigs.

그는	쫓았다	두 마리의 아기 돼지를

10 They ran and hid in their houses.

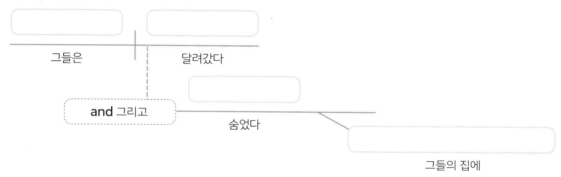

그들은	달려갔다

and 그리고

숨었다

그들의 집에

C 이야기를 다시 읽고, 아래 질문에 답하세요.

1 이야기와 일치하는 문장은 Yes, 틀린 문장은 No에 동그라미 하세요.

1) The wolf was very little and kind.   Yes   No

2) The third little pig built a brick house.   Yes   No

3) The two pigs chased the wolf.   Yes   No

2 다음 질문에 알맞은 답을 고르세요.

What did the first little pig build the house of?

ⓐ sticks   ⓑ straw   ⓒ bricks

[품사] 명사 2_목적어, 보어

WORD

명사는 셀 수 있는 명사와 셀 수 없는 명사로 나눌 수 있어요.

1) **셀 수 있는 명사**: 하나를 나타내는 단수는 'a/an + 명사'로 써요.
   둘 이상을 나타내는 복수는 명사 뒤에 –s/es를 써요.

2) **셀 수 없는 명사**: a/an을 앞에 쓰거나 복수형으로 쓸 수 없어요.
   사람, 장소, 요일 같은 고유한 이름, 형태가 없는 것, 감정이나 개념을 나타내요.

A   셀 수 있는 명사에 동그라미, 셀 수 없는 명사에 세모를 하세요.

1
사람, 장소의 이름: a/an(O), 복수(O)

a child 아이
two girls 소녀 2명
the city 도시

2
월, 요일 : a/an(X), 복수(X)

April 4월
Monday 월요일
Sunday 일요일

3
고유한 사람 이름: a/an(X), 복수(X)

Mary 메리
John 존
Mr. Kim 김 선생님

4
감정이나 개념: a/an(X), 복수(X)

love 사랑
life 인생
hope 희망

5
사물, 동물의 이름: a/an(O), 복수(O)

two dogs 개 2마리
many cars 많은 차들
three balls 공 3개

6
형태가 없는 것 : a/an(X), 복수(X)

air 공기
time 시간
water 물

RULE

명사가 동사 뒤에서 목적어나 보어 역할을 해요. **목적어**는 동사의 대상으로 '무엇을'에 해당해요.
보어는 주어나 목적어를 설명해요.

B   <보기>처럼 명사 목적어에 동그라미 하고, 그 뜻을 괄호 안에서 골라 보세요.

019

> **보기**
>
> Mary drinks apple juice.
> Mary는 (사과주스가 / 사과주스를) 마신다.

1   I like his songs.   나는 (그의 노래는 / 그의 노래를) 좋아한다.

2   Mike helps David.   Mike는 (David를 / David가) 돕는다.

3   They played soccer.   그들은 (축구는 / 축구를) 했다.

4   A bird has two wings.   새는 (날개는 / 날개를) 2개 가지고 있다.

5   My dad washed his car.   아빠는 (그의 차를 / 그와 차를) 씻었다.

6   My brother ate my cake.
나의 오빠는 (내 케이크가 / 내 케이크를) 먹었다.

7   Our team won many games.
우리 팀은 (많은 경기가 / 많은 경기를) 이겼다.

8   She found peace through yoga.
그녀는 요가를 통해 (평화가 / 평화를) 찾았다.

> **Words**
>
> wash 씻다 – washed(과거형)
> find 찾다 – found(과거형)
> peace 평화
> through ~을 통해서

CHUNK

단수나 복수 형태의 명사가 다른 단어와 함께 하나의 청크 역할을 하는데, 동사 뒤에서 보어나 목적어 역할을 하기도 해요.

C 명사 보어의 뜻을 쓰고, 빈칸에 알맞은 말을 써 보세요.

020

1 I am your friend.

나는 / 이다 / your friend

2 The box is a present.

그 상자는 / 이다 / a present

3 His uncle was a pilot.

그의 삼촌은 / 이었다 / a pilot

4 Those are my shoes.

저것들은 | 이다 | my shoes

5 You were our only hope.

너는 | 이었다 | our only hope

6 These are your books.

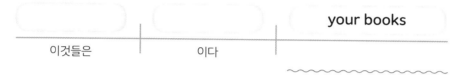

이것들은 | 이다 | your books

7 It was a big mistake.

그것은 | 이었다 | a big mistake

유형 2

주어 | 동사 | 명사 목적어
수식어

8 My dad and I caught many fish.

아빠와 나는 | 잡았다 | many fish

2. present 선물
3. pilot 조종사
5. only 유일한
   hope 희망
7. mistake 실수
8. catch 잡다
   – caught(과거)

9 He eats bread for breakfast.

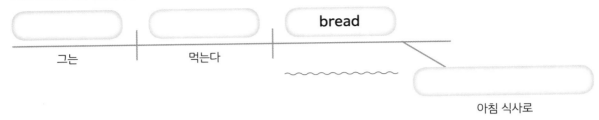

그는 먹는다 bread

아침 식사로

10 The world wants peace for everyone.

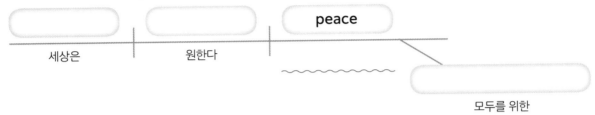

세상은 원한다 peace

모두를 위한

11 Max forgot his keys.

Max는 깜빡했다 his keys

12 I had fun at the party.

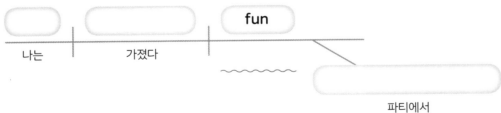

나는 가졌다 fun

파티에서

13 The family keeps a cat and two dogs.

그 가족은 키운다 a cat and two dogs

14 She wrote a book on Indian cooking.

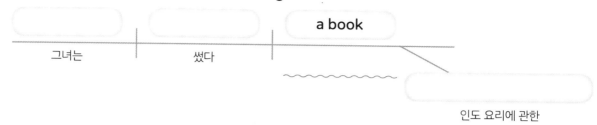

그녀는 / 썼다 / a book
인도 요리에 관한

15 We played baseball on Sunday.

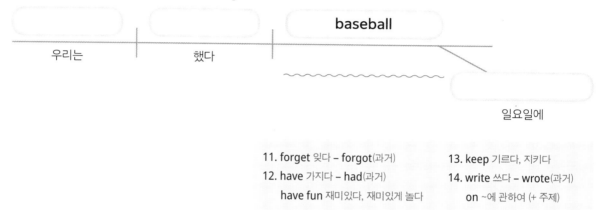

우리는 / 했다 / baseball
일요일에

11. forget 잊다 – forgot(과거)
12. have 가지다 – had(과거)
　　have fun 재미있다, 재미있게 놀다

13. keep 기르다, 지키다
14. write 쓰다 – wrote(과거)
　　on ~에 관하여 (+ 주제)

D <보기>처럼 밑줄 친 부분의 역할을 고르고, 명사에 동그라미 하세요. 문장을 다시 읽으면서 끊어 읽기 표시도 해 보세요.

보기　　Mary / is / a good (teacher.)　　보어 / 목적어
　　　　　 Mary / saw / many (cars)　　보어 / (목적어)

1 I washed my feet.　　보어 / 목적어

2 We heard the news yesterday.　　보어 / 목적어

3 His sister was a famous dancer.　　보어 / 목적어

4 Insects have six legs.　　보어 / 목적어

5 These are my best shoes.　　보어 / 목적어

[Story] The Three Little Pigs (2)

021

1 Aladdin went through the small cave. **2** <u>He</u> found an old lamp. **3** By accident Aladdin rubbed the lamp. **4** Suddenly a big genie came out of the lamp.

✋ **Point**
• He는 Aladdin을 대신해요.

A 이야기의 각 문장을 청크로 나눠 읽을 때, 빈칸에 알맞은 말을 써 보세요.

1

Aladdin은	갔다	
		작은 동굴을 통과하여

2

그는	발견했다	오래된 램프를

3

	Aladdin은	문질렀다	램프를
우연히			

4

	커다란 요정이	왔다	
갑자기			램프 밖으로

B 이야기와 일치하는 문장은 Yes, 틀린 문장은 No에 동그라미 하세요.

1 Aladdin was in the cave.　　　　　　　　　Yes　No

2 Aladdin found an old genie.　　　　　　　Yes　No

1 Seals live in the oceans and on land. 2 **They** eat different kinds of sea animals. 3 **They** are good swimmers. 4 **They** use **their** flippers when **they** move.

022

 Point
• They, their는 Seals를 대신해요.

A 이야기의 각 문장을 청크로 나눠 읽을 때, 빈칸에 알맞은 말을 써 보세요.

1

바다표범은	산다

바다에서

and ~와

땅에서

2

그것들은	먹다	다양한 종류를

바다 동물들의

3

그것들은	이다	훌륭한 수영 선수들

4

그것들은	사용한다	그들의 지느러미발을

when ~할 때

그들이	움직인다

023

1 A very strange thing happened. **2** The house moved, and **it** went up in the sky. **3** Dorothy looked out the door. **4** She saw hills and houses a long way down.

Point
· it는 The house를 대신해요.
· She는 Dorothy를 대신해요.

A 이야기의 각 문장을 청크로 나눠 읽을 때, 빈칸에 알맞은 말을 써 보세요.

1
아주 이상한 일이	일어났다

2

그 집이 | 움직였다

and 그리고 — 그것은 | 올라갔다

하늘에

3

도로시는 | 보았다

문 밖을

4

그녀는 | 보았다 | 언덕과 집들을

한참 아래에

B 다음 문장이 이야기와 일치하면 Yes, 틀리면 No에 동그라미 하세요.

The house went up in the sky.

Yes　No

The Three Little Pigs (2)

A 동사(서술어)에 주의하며 이야기를 들어 보세요.

024

The big bad wolf blew down the straw house.

He also blew down the stick house.

The two little pigs ran to the third little pig's house.

The wolf tried to blow down the brick house.

But the brick house was very strong.

So the wolf tried to enter through the chimney.

The third little pig boiled a big pot of water and kept it below the chimney.

The wolf fell into it and died.

Words

blow down 불어 넘어 뜨리다
– blew down(과거)
try 애쓰다 – tried(과거)
enter 들어가다
chimney 굴뚝
boil 끓이다 – boiled(과거)
keep ~에 두다 – kept(과거)
fall 떨어지다 – fell(과거)
die 죽다 – died(과거)

B 이야기의 각 문장을 청크로 나눠 읽을 때, 빈칸에 알맞은 말을 써 보세요.

1 The big bad wolf blew down the straw house.

크고 나쁜 늑대가	불어 날려 버렸다	초가집을

2 He also blew down the stick house.

그는 / 또한 · 불어 날려 버렸다 · 나무집을

3 The two little pigs ran to the third little pig's house.

두 아기 돼지들은   달려갔다

셋째 아기 돼지의 집으로

4 The wolf tried to blow down the brick house.

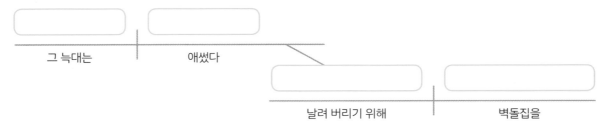

그 늑대는   애썼다

날려 버리기 위해   벽돌집을

5 But the brick house was very strong.

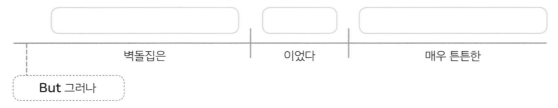

벽돌집은   이었다   매우 튼튼한

But 그러나

6 So the wolf tried to enter through the chimney.

그 늑대는   애썼다

So 그래서

들어가기 위해

굴뚝을 통해서

7 The third little pig boiled a big pot of water and kept it below the chimney.

셋째 아기 돼지는   끓였다   큰 냄비를

and 그리고

두었다   그것을

물(의)

굴뚝 아래에

8 The wolf fell into it and died.

그 늑대는   떨어졌다

그 안으로

and 그리고

죽었다

C 이야기를 다시 읽고, 아래 질문에 답하세요.

1 누가 한 말인지 골라 보세요.

"I will blow down your house."

ⓐ the wolf   ⓑ the first little pig   ⓒ the third little pig

2 이야기와 일치하도록 빈칸에 알맞은 단어를 써 보세요.

The wolf tried to blow down the 1) b_____ house.

But it was very 2) s_____.

[품사] 대명사 2_목적어

WORD

인칭대명사는 주어로 쓰일 때와 목적어로 쓰일 때 대체로 형태가 달라요.

단수형

me	you	him	her	it
나를	너를	그를	그녀를	그것을

복수형

us	them
우리를	그들을

TIP you는 '너희들을', them은 '그것들을'이란 뜻으로도 쓰여요.

A 그림을 보고, 관련 있는 대명사끼리 연결해 보세요.

ⓐ me

ⓑ her

ⓒ him

ⓓ it

ⓔ you

ⓕ us

ⓖ them

RULE

대명사는 동사 뒤에서 '~을/를, ~에게'라는 의미로 목적어 역할을 해요. 동사에 따라 대명사 목적어만 쓰거나 또는 명사 목적어와 함께 쓸 수도 있어요.

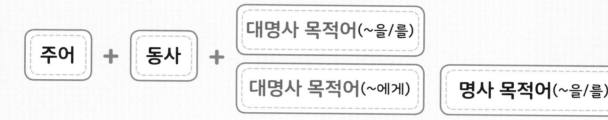

주어 + 동사 + 대명사 목적어(~을/를)
대명사 목적어(~에게)   명사 목적어(~을/를)

B <보기>처럼 대명사 목적어에 동그라미 하고, 그 뜻을 괄호 안에서 골라 보세요.

025

보기   I found (it̲ / they) here.   나는 (그것을̲ / 그것들이) 여기서 찾았다.

1 We love (she / **her**) very much.   우리는 (그녀는 / 그녀를) 무척 좋아한다.

2 They help (our / us) all the time.   그들은 (우리에게 / 우리를) 항상 도와준다.

3 My friends saw (me / my).   나의 친구들이 (내게 / 나를) 보았다.

4 Beth bought (them / they).   Beth는 (그것을 / 그것들을) 샀다.

5 She told (I / me) a story.   그녀는 (나를 / 나에게) 이야기를 들려주었다.

6 He teaches (us / we) English.   그는 (우리가 / 우리에게) 영어를 가르쳐 준다.

7 Adam cooked (he / him) dinner.
Adam이 (그가 / 그에게) 저녁을 요리해 주었다.

8 My brother showed (it / they) to me.
내 남동생이 나에게 (그것은 / 그것을) 보여 주었다.

Words
all the time 항상
buy 사다 – bought(과거)
tell 말하다 – told(과거)

CHUNK

대명사 목적어는 동사 뒤에서 하나의 청크 역할을 해요.

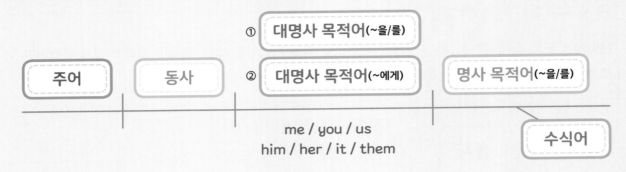

C 대명사 목적어의 뜻을 쓰고, 빈칸에 알맞은 말을 써 보세요.

1 I saw him in town.

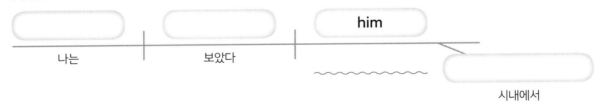

2 The boy hugged her tight.

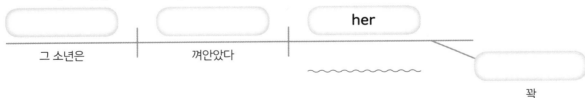

3 We met them at the bus stop.

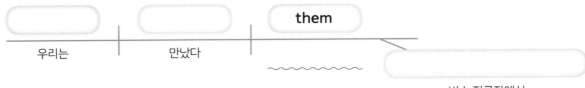

4 I like it very much.

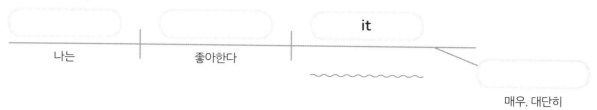

나는   좋아한다   it

매우, 대단히

5 You know me well.

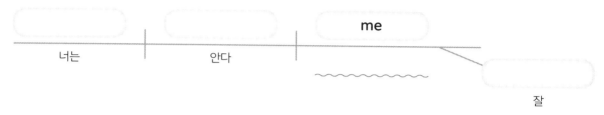

너는   안다   me

잘

유형 2

주어   be+동사ing   대명사 목적어

am / are / is + 동사ing

6 The farmer is catching them.

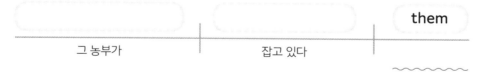

그 농부가   잡고 있다   them

7 The children are watching it.

그 아이들이   지켜보고 있다   it

1. town 도시, 시내
2. hug 껴안다
    – hugged(과거)
    tight 꽉, 단단히
3. meet 만나다 – met(과거)
6. catch 잡다
7. watch 지켜보다

8 Your friend is helping us.

너의 친구가   돕고 있다   us

동사 | 간접목적어(대명사) | 직접목적어(명사)

~해라

TIP 주어는 생략하고 동사로 시작하는 문장을 '명령문'이라고 해요.

9 Give her your book.

| | her | |
| 줘라 | | 너의 책을 |

10 Send me an email.

| | me | |
| 보내라 | | 이메일을 |

11 Tell them the news.

| | them | |
| 말해라 | | 그 소식을 |

12 Teach us a lesson.

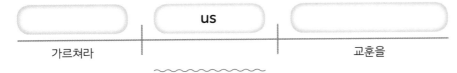

| | us | |
| 가르쳐라 | | 교훈을 |

13 Show me your ID card.

| | me | |
| 보여 줘라 | | 너의 신분증을 |

14 Bring him a cup of tea.

	him	
갖다 줘라		차 한 잔을

15 Buy her a doll.

	her	
사 줘라		인형을

12. lesson 수업, 교훈
13. ID card 신분증
    = identity card

D <보기>처럼 목적어에 알맞은 대명사를 고르고, 끊어 읽기 표시를 해 보세요.

보기

Her son kicked **the ball**.
→ Her son / kicked / (me / it / them).

1 Give **your sister** the pen.
→ Give (she / her / you) the pen.

2 I see **her brother** every day.
→ I see (him / he / it) every day.

3 Buy **the children** some ice cream.
→ Buy (they / me / them) some ice cream.

[Story] Little Red Riding Hood (1)

Short Story 1

1 Peter loves animals very much. 2 Today, he learned about frogs in science class. 3 His teacher showed a movie about frogs. 4 Peter enjoyed the movie a lot.

027

Point
• he와 His는 Peter를 대신해요.

A 이야기의 각 문장을 청크로 나눠 읽을 때, 빈칸에 알맞은 말을 써 보세요.

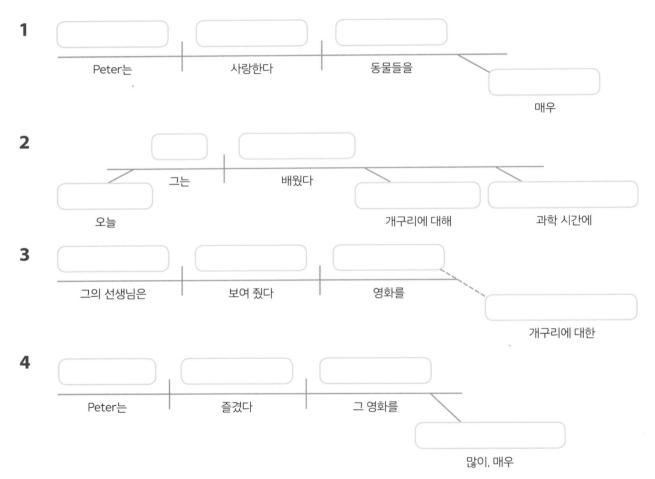

1

Peter는   사랑한다   동물들을

매우

2

그는   배웠다

오늘   개구리에 대해   과학 시간에

3

그의 선생님은   보여 줬다   영화를

개구리에 대한

4

Peter는   즐겼다   그 영화를

많이, 매우

B 다음 문장이 이야기와 일치하면 Yes, 틀리면 No에 동그라미 하세요.

Peter learned about the movie.　　　　Yes　No

028

¹ A desert is a very dry land. ² It gets little rain.
³ The air is very hot in the daytime. ⁴ At night,
the desert becomes very cool. ⁵ Only a few
plants grow in the desert.

Point

• It은 앞에 나온 A desert를 대신 해요.

A 이야기의 각 문장을 청크로 나눠 읽을 때, 빈칸에 알맞은 말을 써 보세요.

1

사막은	이다	매우 건조한 땅

2

그것은	받다(온다)	비가 거의 없는

3

공기가	이다	매우 뜨거운

낮에는

4

사막은	~하게 되다	아주 시원한

밤에

5

몇몇 식물들이   자란다

단지

사막에서

029

¹ <u>Beth</u> looked around the room. **² She** found new things in the room. **³** There were some books, new shoes and a winter coat. **⁴ She** didn't see **them** before.

 Point
• She는 Beth를 대신해요.
• them은 books, shoes, coat를 대신해요.

A 이야기의 각 문장을 청크로 나눠 읽을 때, 빈칸에 알맞은 말을 써 보세요.

1

Beth는	둘러 보았다	방을

2

그녀는 | 찾았다 | 새로운 것들을

방에서

3

있었다 | 책 몇 권과 새 신발이

There

• There + be동사: ~이 있다

4

그녀는 | 보지 못했다 | 그것들을

전에

B 이야기와 일치하도록 빈칸에 알맞은 단어를 써 보세요.

Beth found some 1) b_____, new 2) s_____ and a coat in the room.

Little Red Riding Hood (1)

A 동사(서술어)에 주의하며 이야기를 들어 보세요.

030

Little Red Riding Hood always wore a red riding cloak.

One day, her mother sent her to her ill grandmother.

She took a basket of food and ran into the woods.

She met the Big Bad Wolf on her way.

He asked her where she was going.

And he said, "Pick some flowers for your grandmother."

The girl picked some flowers.

The wolf ran to Grandma's house.

He ate up the grandma in one bite.

Words

riding hood 두건, 모자
always 항상
wear 입다 – wore(과거)
cloak 망토
send 보내다 – sent(과거)
ill 아픈
take 가지고 가다 – took(과거)
pick 꺾다 – picked(과거)
eat up 먹어 치우다
in one bite 한입에

B 이야기의 각 문장을 청크로 나눠 읽을 때, 빈칸에 알맞은 말을 써 보세요.

1 Little Red Riding Hood always wore a red riding cloak.

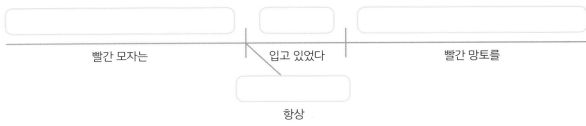

빨간 모자는   입고 있었다   빨간 망토를

항상

2 One day, her mother sent her to her ill grandmother.

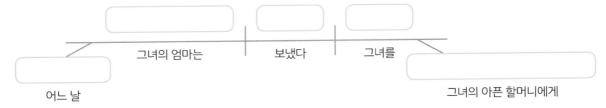

그녀의 엄마는 / 보냈다 / 그녀를

어느 날

그녀의 아픈 할머니에게

3 She took a basket of food and ran into the woods.

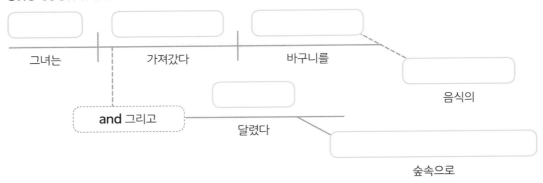

그녀는 / 가져갔다 / 바구니를

음식의

and 그리고

달렸다

숲속으로

4 She met the Big Bad Wolf on her way.

그녀는 / 만났다 / 큰 나쁜 늑대를

가는 길에

5 He asked her where she was going.

그는 / 물었다 / 그녀에게 / 그녀가 / 가고 있는지를

어디로

6 And he said, "Pick some flowers for your grandmother."

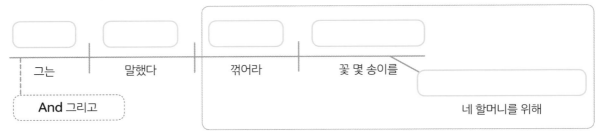

그는 / 말했다 / 꺾어라 / 꽃 몇 송이를

And 그리고

네 할머니를 위해

7 The girl picked some flowers.

소녀는	꺾었다	꽃 몇 송이를

8 The wolf ran to Grandma's house.

늑대는	달려갔다

할머니 집으로

9 He ate up the grandma in one bite.

그는	먹어 치웠다	할머니를

한입에

C 이야기를 다시 읽고, 아래 질문에 답하세요.

1 빈칸에 공통적으로 들어갈 주어를 고르세요.

- _____ wore a red riding cloak.
- _____ picked some flowers.
- _____ met a wolf.

ⓐ The Big Bad Wolf
ⓑ Little Red Riding Hood
ⓒ The grandma

2 이야기와 일치하도록 빈칸에 알맞은 단어를 써 보세요.

The 1) _____ met Little Red Riding Hood.

He went to the 2) _____'s house and ate her up.

[품사] 동사 2_부정문

WORD

not은 '~이 아니다'라는 뜻으로 동사를 **부정**으로 만드는 것을 도와줘요.

1) ~하지 않다
   do/does not = don't/doesn't

2) ~하지 않았다(과거)
   did not = didn't

> **TIP** 현재 시제 부정문에서 주어가 he, she, it 또는 단수인 경우에는 doesn't를 써요.

say 말하다
1) 말하지 않는다 → don't/doesn't say
2) 말하지 않았다 → didn't say

ask 묻다
1) 묻지 않는다 → don't/doesn't ask
2) 묻지 않았다 → didn't ask

A   각 동사를 부정형으로 고쳐 보세요.

1
run 달리다
1) 달리지 않는다 ➡ _____ / _____
2) 달리지 않았다 ➡ _____

2
buy 사다
1) 사지 않는다 ➡ _____ / _____
2) 사지 않았다 ➡ _____

3
sit 앉다
1) 앉지 않는다 ➡ _____ / _____
2) 앉지 않았다 ➡ _____

4
sleep (잠을) 자다
1) (잠을) 자지 않는다 ➡ _____ / _____
2) (잠을) 자지 않았다 ➡ _____

RULE

don't, doesn't, didn't는 뒤에 동사와 함께 서술어 역할을 해요.
do와 does는 현재를 나타내는 문장에서, did는 과거를 나타내는 문장에서 쓰여요.

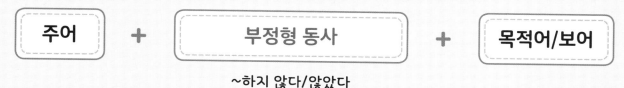

주어 **+** 부정형 동사 **+** 목적어/보어

~하지 않다/않았다

B <보기>처럼 문장에 어울리는 동사(서술어)와 그 뜻을 괄호 안에서 골라 보세요.

031

보기 I (don't eat / don't sleep) sweets.   나는 단것을 (먹지 않는다 / 자지 않는다).

1 Alice (doesn't say / doesn't sit) her name.
  Alice는 자신의 이름을 (말하지 않는다 / 앉지 않는다).

2 We (don't watch / don't ask) questions.
  우리는 질문을 (보지 않는다 / 묻지 않는다).

3 The bird (didn't study / didn't sit) on the tree.
  그 새는 나무에 (공부하지 않았다 / 앉지 않았다).

4 He (doesn't sleep / doesn't ride) a bike.
  그는 자전거를 (자지 않는다 / 타지 않는다).

5 My brother (didn't run / didn't have) fast.
  나의 오빠는 빨리 (달리지 않았다 / 가지고 있지 않았다).

6 They (don't find / don't play) baseball at night.
  그들은 밤에 야구를 (찾지 않는다 / 하지 않는다).

Words

sweets 단것
question 질문

7 The dog (didn't know / didn't come) to me.
  그 개는 나에게 (알지 않았다 / 오지 않았다).

CHUNK

부정형의 동사가 하나의 청크로 서술어 역할을 해요.

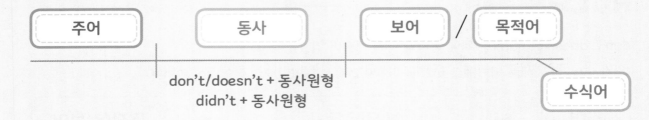

C 동사의 뜻을 쓰고, 빈칸에 알맞은 말을 써 보세요.

032

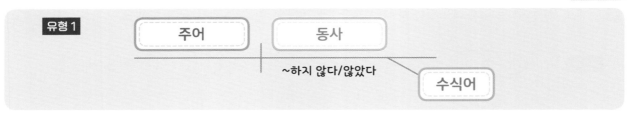

1 We don't sing together.

don't sing

우리는

함께

2 My sister doesn't get up early.

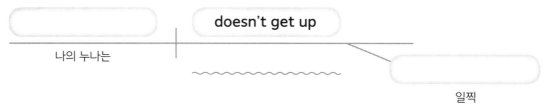

doesn't get up

나의 누나는

일찍

3 He didn't stay home.

didn't stay

그는

집에

4 They don't play outside.

그들은   don't play   밖에서

5 The baby didn't cry at all.

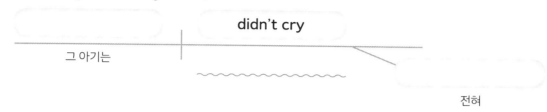

그 아기는   didn't cry   전혀

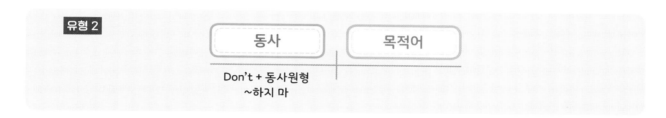

유형 2   동사   목적어

Don't + 동사원형
~하지 마

6 Don't say anything.

Don't say   아무것도

7 Don't open the window.

Don't open   창문을

8 Don't eat my cookie.

Don't eat   나의 쿠키를

1. together 함께
2. get up 일어나다
3. stay 머무르다
4. outside 밖에서
5. cry 울다

유형 3

주어 | be동사 | 보어
am not / isn't / aren't /
wasn't / weren't
아니(었)다/없(었)다
수식어

9 I am not happy about that.

| | am not | |
| 나는 | ~가 | 행복한 |

그것에 관해

10 Jim wasn't at home.

| | wasn't |
| Jim은 | |

집에

11 You are not ready yet.

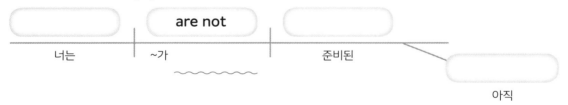

| | are not | |
| 너는 | ~가 | 준비된 |

아직

12 The children weren't in the room.

| | weren't |
| 그 아이들은 | |

방에

13 We weren't late for school.

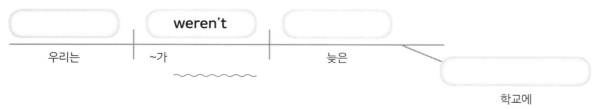

| | weren't | |
| 우리는 | ~가 | 늦은 |

학교에

14 This was not true 18 years ago.

이것은	~가 was not	사실인

18년 전에

15 This isn't a good idea.

이것은	~가 isn't	좋은 생각

9. happy 행복한, 만족한	13. late 늦은
about ~에 관해	14. true 진실인, 사실인
11. ready 준비된	ago (얼마의 시간) 전에
yet 아직	15. idea 생각

D <보기>처럼 동사(서술어)를 고르고, 끊어 읽기 표시를 해 보세요.

보기

That / (isn't) / my bag.

1 They weren't very kind.

2 I am not sad now.

3 The soup wasn't warm.

4 Our hands are not clean.

5 She wasn't a good singer.

[Story] Little Red Riding Hood (2)

033

1 Mary's parents planned a surprise party.
2 They invited Mary's friends to **her** birthday party. **3** Mary came home. **4 She** was surprised to see all **her** friends.

👆**Point**
• They는 Mary's parents를 대신해요.
• her, She는 Mary를 대신해요.

A 이야기의 각 문장을 청크로 나눠 읽을 때, 빈칸에 알맞은 말을 써 보세요.

1

Mary의 부모님은	계획했다	깜짝 파티를

2

그들은	초대했다	Mary의 친구들을

그녀의 생일 파티에

3

Mary가	왔다

집에

4

그녀는	이었다	놀란

보게 되어   그녀의 모든 친구들을

B 이야기와 일치하도록 빈칸에 알맞은 단어를 써 보세요.

Mary's 1) p_____ had a 2) p_____ on Mary's birthday.

Short Story 2

¹ A library has many books to read. ² **It** is a
quiet place. ³ You can read books at the library.
⁴ You also can borrow books to take home.

Point
• It은 A library를 대신해요.

A 이야기의 각 문장을 청크로 나눠 읽을 때, 빈칸에 알맞은 말을 써 보세요.

1

도서관은	가지고 있다	많은 책을

읽을

2

그곳은	이다	조용한 곳

3

너는	읽을 수 있다	책을

도서관에서

4

너는	빌릴 수 있다	책을

또한

집에 가져갈

B 이야기와 일치하는 문장은 Yes, 틀린 문장은 No에 동그라미 하세요.

1 A library has many books to buy.   Yes   No

2 A library is a quiet place.   Yes   No

3 You can borrow books from the library.   Yes   No

035

1 The Queen stood in front of her magic mirror.
2 She asked, "Who is the most beautiful of all?"
3 The mirror answered, "Snow White is more beautiful than you." **4** The Queen was very angry.

👆 **Point**
· She와 you는 The Queen 을 대신해요.

A 이야기의 각 문장을 청크로 나눠 읽을 때, 빈칸에 알맞은 말을 써 보세요.

1

여왕은	섰다

그녀의 마법 거울 앞에

2

그녀는	물었다	누가	~이니	가장 아름다운 (사람)

모두 중에서

3

그 거울이	대답했다	백설공주가	~이다	더 아름다운

당신보다

4

여왕은	~이었다	매우 화가 난

B 이야기를 읽고 질문에 알맞은 답을 빈칸에 써 보세요.

Q: Who is more beautiful than the Queen?

A: _____ is more beautiful than the Queen.

Little Red Riding Hood (2)

A   동사(서술어)에 주의하며 이야기를 들어 보세요.

036

The Big Bad Wolf wore Grandma's clothes.

The wolf waited for Little Red Riding Hood.

She went to Grandma's bed.

Grandma looked very strange.

The wolf jumped out of bed.

And he ate her up.

The wolf lay down again on the bed.

He began to snore.

A hunter heard the sound and ran to the house.

He cut open the sleeping wolf's belly.

Grandma and the girl came out alive.

Words

wear 입다 – wore(과거)
wait for ~을 기다리다
strange 이상한
jump 뛰다 – jumped(과거)
eat up 먹어치우다
lie down 눕다
– lay down(과거)
begin 시작하다
– began(과거)
snore 코를 골다
cut 자르다 – cut(과거)
belly 배
alive 살아서

B   이야기의 각 문장을 청크로 나눠 읽을 때, 빈칸에 알맞은 말을 써 보세요.

1   The Big Bad Wolf wore Grandma's clothes.

크고 나쁜 늑대는	입었다	할머니의 옷을

2   The wolf waited for Little Red Riding Hood.

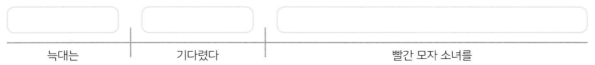

늑대는	기다렸다	빨간 모자 소녀를

3   She went to Grandma's bed.

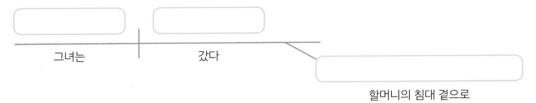

그녀는   갔다

할머니의 침대 곁으로

4   Grandma looked very strange.

할머니는   보였다   아주 이상한

5   The wolf jumped out of bed.

늑대는   뛰었다

침대 밖으로

6   And he ate her up.

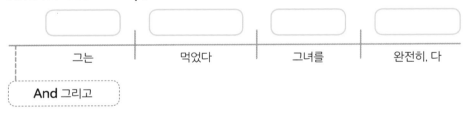

그는   먹었다   그녀를   완전히, 다

And 그리고

7   The wolf lay down again on the bed.

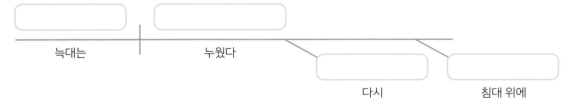

늑대는   누웠다

다시   침대 위에

8   He began to snore.

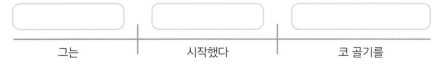

그는   시작했다   코 골기를

9 A hunter heard the sound and ran to the house.

한 사냥꾼이	들었다	그 소리를

and 그리고

달렸다

그 집까지

10 He cut open the sleeping wolf's belly.

그는	(잘라서 열었다) 절개했다	잠든 늑대의 배를

11 Grandma and the girl came out alive.

할머니와 그 소녀는	나왔다	살아서

C 이야기를 다시 읽고, 아래 질문에 답하세요.

1 누가 한 말인지 골라 보세요.

"I will eat you up!"   ⓐ the wolf   ⓑ the grandmother   ⓒ the girl

2 이야기의 순서에 맞게 문장 앞에 번호를 써 보세요.

☐ The wolf snored on the bed.

☐ The wolf ate the girl up.

☐ The hunter cut the wolf's belly.

WORD

do, does, did를 주어 앞에 쓰면 **의문문**, 물어보는 문장이 돼요. do, does는 현재를, did는 과거를 나타내요.

1) Do/Does + 주어 + 동사원형?
2) Did + 주어 + 동사원형?

TIP 현재 시제 의문문에서 주어가 he, she, it 또는 단수인 경우에는 Does를 써요.

go 가다
1) 가니? → Do/Does + 주어 + go?
2) 갔니? → Did + 주어 + go?

do 하다
1) 하니? → Do/Does + 주어 + do?
2) 했니? → Did + 주어 + do?

A 각 동사를 두 가지 의문형으로 고쳐 보세요.

1

drink 마시다

1) 마시니? ➡ _____ / _____ + 주어 + _____?
2) 마셨니? ➡ _____ + 주어 + _____?

2

wash 씻다

1) 씻니? ➡ _____ / _____ + 주어 + _____?
2) 씻었니? ➡ _____ + 주어 + _____?

3

read 읽다

1) 읽니? ➡ _____ / _____ + 주어 + _____?
2) 읽었니? ➡ _____ + 주어 + _____?

4

sing 노래하다

1) 노래하니? ➡ _____ / _____ + 주어 + _____?
2) 노래했니? ➡ _____ + 주어 + _____?

RULE

do와 does는 현재를 나타내는 문장에서, did는 과거를 나타내는 문장에서 쓰여요.
do, does, did 뒤에 동사가 함께 서술어 역할을 해요.

Do/Does/Did + 주어 + 동사원형 ?
~하니?/했니?

B <보기>처럼 동사(서술어)에 밑줄을 긋고, 그 뜻을 괄호 안에서 골라 보세요.

037

보기   Did you do your homework?   너는 숙제를 (하니 / 했니)?

1   **Did her mom see us?**   그녀의 엄마가 우리를 (보니 / 보았니)?

2   **Did you wash your hands?**   너는 손을 (씻니 / 씻었니)?

3   **Do they get up early?**   그들은 일찍 (일어나니 / 일어났니)?

4   **Does Max play soccer?**   Max는 축구를 (하니 / 했니)?

5   **Did Tom laugh aloud?**   Tom은 크게 (웃니 / 웃었니)?

6   **Does the tree grow well?**   그 나무는 잘 (자라니 / 자랐니)?

7   **Do they tell you everything?**
    그들은 너에게 모든 것을 (알려주니 / 알려주었니)?

8   **Does he drink milk?**
    그는 우유를 (마시니 / 마셨니)?

Words

early 일찍
aloud 큰 소리로, 크게
grow 자라다
everything 모든 것

CHUNK

Do/Does/Did와 동사가 함께 서술어 역할을 해요. 의문사(what, who, when, where 등)는 의문문의 맨 앞에 써요.

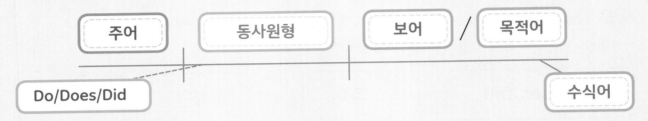

C 동사의 뜻을 쓰고, 빈칸에 알맞은 말을 써 보세요.

038

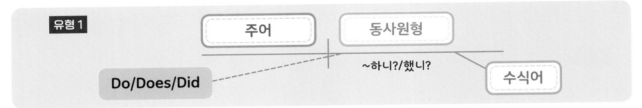

1 Do you walk to school?

2 Did they run in the morning?

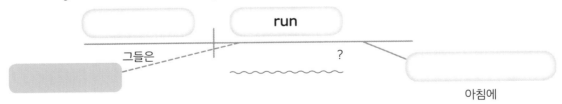

3 Does he come on time?

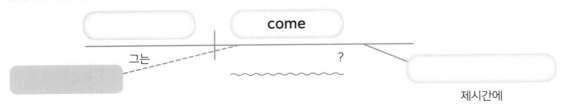

4 Did Ann wait in the car?

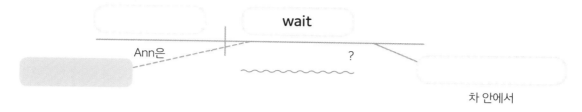

wait

Ann은

차 안에서

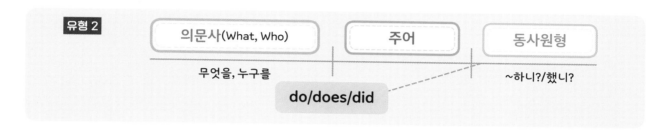

의문사(What, Who) 주어 동사원형
무엇을, 누구를 ~하니?/했니?
do/does/did

5 Who do you know?

know

누구를 너는 ?

6 Who does Jack like?

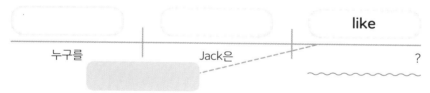

like

누구를 Jack은 ?

7 What did we order?

order

무엇을 우리는 ?

8 What do they need?

need

무엇을 그들은 ?

3. on time 제시간에, 정각에
4. wait 기다리다
7. order 주문하다
8. need 필요로 하다

9 What does she teach?

무엇을   그녀는   teach   ?

10 Who did you call?

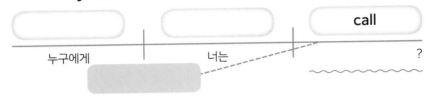

누구에게   너는   call   ?

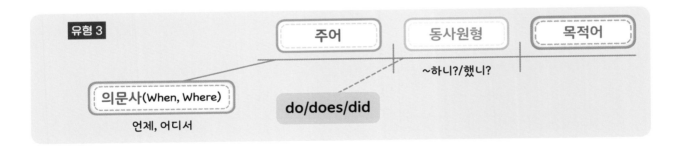

유형 3   주어   동사원형   목적어

의문사(When, Where)   do/does/did   ~하니?/했니?

언제, 어디서

11 Where did he eat lunch?

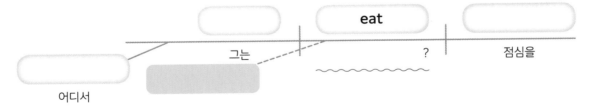

어디서   그는   eat   ?   점심을

12 When does the plane arrive?

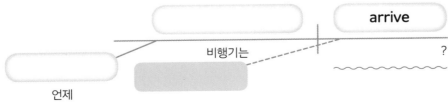

언제   비행기는   arrive   ?

13 When does the class start?

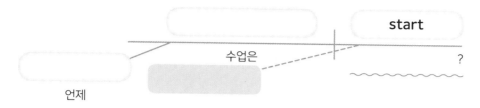

start

수업은

?

언제

14 Where did you read that?

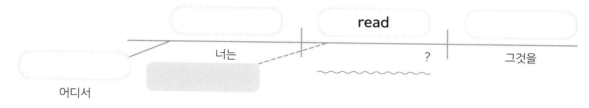

read

너는

?

그것을

어디서

15 When do they meet her?

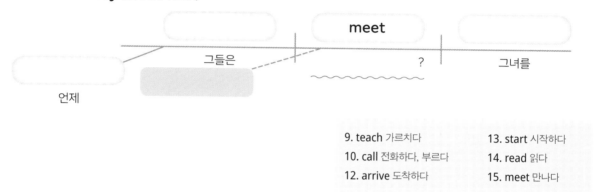

meet

그들은

?

그녀를

언제

9. teach 가르치다	13. start 시작하다
10. call 전화하다, 부르다	14. read 읽다
12. arrive 도착하다	15. meet 만나다

D <보기>처럼 동사(서술어)를 고르고, 끊어 읽기 표시를 해 보세요.

보기   Where /did/ he /put/ the box?

1 When do you get up?

2 Where does his family live?

3 What did they say?

4 What did they wash?

5 Who does she miss?

[Story] Hansel and Gretel (1)

Short Story 1

039

1 Alex and Ann are twins. **2** **Their** birthday is next week. **3** **They** both want **their** own party. **4** But Mom tells **them they** can have one big party.

Point
• Their, They, them은 Alex and Ann을 대신해요.

A 이야기의 각 문장을 청크로 나눠 읽을 때, 빈칸에 알맞은 말을 써 보세요.

1

Alex와 Ann은 | 이다 | 쌍둥이

2

그들의 생일은 | 이다 | 다음 주

3
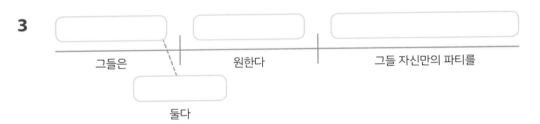

그들은 | 원한다 | 그들 자신만의 파티를

둘다

4
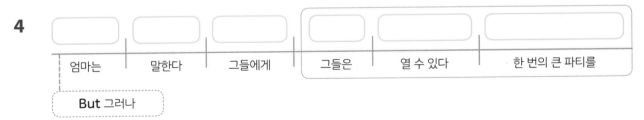

엄마는 | 말한다 | 그들에게 | 그들은 | 열 수 있다 | 한 번의 큰 파티를

But 그러나

B 이야기의 제목이 되도록 빈칸에 알맞은 것을 고르세요.

The story title is 'The twin's _____'.

ⓐ birthday party   ⓑ big cake   ⓒ new room

1 Farmers grow most of food that we eat. **2** Some farmers raise animals for food. **3** **They** sell milk from cows. **4** **They** sell eggs from chickens.

040

🔎 Point
• They는 farmers를 대신해요.

A 이야기의 각 문장을 청크로 나눠 읽을 때, 빈칸에 알맞은 말을 써 보세요.

1

농부들은	재배한다	대부분의 음식을

that ~하는 것

우리가	먹다

2

어떤 농부들은	기른다	동물들을

음식을 위해

3

그들은	판다	우유를

소들에게 (얻은)

4

그들은	판다	달걀들을

닭들에게 (얻은)

B 이야기와 일치하면 Yes, 틀리면 No에 동그라미 하세요.

1 Animals grow food that they eat.　　Yes　No

2 Some farmers raise cows or chickens.　　Yes　No

3 Farmers buy milk from cows.　　Yes　No

041

1 <u>Goldilocks</u> found three bowls of porridge on the table. **2** The first one was too hot. **3** The next one was too cold. **4** <u>The third one</u> was just right, so **she** ate **it** all up.

Point

· she는 Goldilocks를 대신해요.

· it은 The third one을 대신해요.

A 이야기의 각 문장을 청크로 나눠 읽을 때, 빈칸에 알맞은 말을 써 보세요.

1

Goldilocks는   발견했다   세 그릇을

죽의   탁자 위에서

2

첫 번째 것은   이었다   너무 뜨거운

3

그 다음 것은   이었다   너무 차가운

4

세 번째 것은   이었다   딱 맞은

so 그래서   그녀는   먹었다   그것을 모두   **up** 다

TIP eat up(다 먹다)은 하나의 동사처럼 쓰여요.

B 다음 문장이 이야기와 일치하면 Yes, 틀리면 No에 동그라미 하세요.

Goldilocks ate the three bowls of porridge.   Yes   No

Hansel and Gretel (1)

A 동사(서술어)에 주의하며 이야기를 들어 보세요.

042

Once upon a time, there lived a poor woodcutter
with his wife and two children.

Hansel and Gretel were a young brother and sister.

One day, the family walked into the woods.

Their parents left Hansel and Gretel there.

The children were lost in the woods and wandered
about the whole night.

They found a small house.

It was made of gingerbread and candy.

Hansel and Gretel were hungry and tired.

They began to eat the house.

It was very delicious!

Words

once upon a time 옛날 옛적에
woodcutter 나무꾼
woods 숲
leave 떠나다 – left(과거)
lost 길을 잃은
wander 헤매다
whole 전체의, 모든
gingerbread 생강빵
begin 시작하다
– began(과거)
delicious 맛있는

B 이야기의 각 문장을 청크로 나눠 읽을 때, 빈칸에 알맞은 말을 써 보세요.

1 Once upon a time, there lived a poor woodcutter with his wife and two
children.

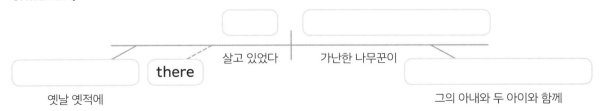

살고 있었다   가난한 나무꾼이

there

옛날 옛적에   그의 아내와 두 아이와 함께

2 Hansel and Gretel were a young brother and sister.

Hansel과 Gretel은   이었다   어린 남매

3 One day, the family walked into the woods.

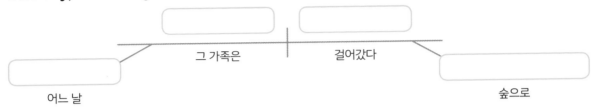

그 가족은   걸어갔다

어느 날   숲으로

4 Their parents left Hansel and Gretel there.

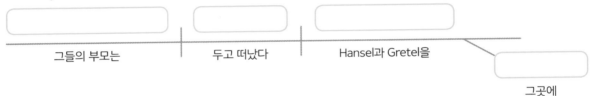

그들의 부모는   두고 떠났다   Hansel과 Gretel을

그곳에

5 The children were lost in the woods and wandered about the whole night.

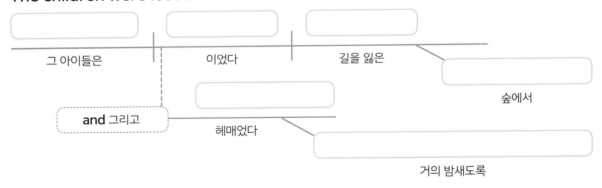

그 아이들은   이었다   길을 잃은

숲에서

and 그리고

헤매었다

거의 밤새도록

6 They found a small house.

그들은   찾았다   작은 집을

7 It was made of gingerbread and candy.

그것은	만들어졌다

생강빵과 사탕으로

8 Hansel and Gretel were hungry and tired.

Hansel과 Gretel은	이었다	배고프고 피곤한

9 They began to eat the house.

그들은	시작했다	그 집을 먹기를

10 It was very delicious!

그것은	이었다	매우 맛있는

C 이야기와 일치하도록 빈칸에 알맞은 단어를 써 보세요.

Hansel and Gretel found a small 1) _____ in the woods.

It was made of gingerbread and 2) _____.

Unit
15 [품사] 조동사

WORD

조동사란 여러 가지 의미로 '동사'를 도와주는 말이에요. 조동사 뒤에는 항상 동사원형을 써요.
부정형은 조동사 뒤에 not을 붙이는데, 줄여서 쓸 수도 있어요.

can ~할 수 있다	will ~할 것이다	should ~해야 한다
cannot (=can't) ~할 수 없다	will not (=won't) ~하지 않을 것이다	should not (=shouldn't) ~해서는 안 된다

A 우리말에 알맞은 표현을 찾아 연결해 보세요.

1 swim

1) 수영을 할 수 있다 •   • ⓐ will swim
2) 수영을 할 것이다 •   • ⓑ should swim
3) 수영을 해야 한다 •   • ⓒ can swim

2 learn

1) 배울 수 없다 •   • ⓐ won't learn
2) 배우지 않을 것이다 •   • ⓑ shouldn't learn
3) 배워서는 안 된다 •   • ⓒ can't learn

3 cook

1) 요리를 할 수 없다 •   • ⓐ cannot cook
2) 요리를 할 것이다 •   • ⓑ should cook
3) 요리를 해야 한다 •   • ⓒ will cook

RULE

조동사는 그 뒤에 나오는 동사와 함께 문장에서 서술어 역할을 해요. 의문문을 만들 때는 주어 앞에 조동사를 써 줘요.

주어	+	조동사	+	동사원형	

조동사	+	주어	+	동사원형	?

B   <보기>처럼 조동사와 동사에 밑줄을 긋고, 그 뜻을 괄호 안에서 골라 보세요.

043

> **보기**   I <u>can ride</u> a bike.   나는 자전거를 (탈 수 있다 / 탈 것이다).

1   **We should wear a coat.**   우리는 코트를 (입을 것이다 / 입어야 한다).

2   **They will clean the house.**   그들은 집을 (청소할 것이다 / 청소할 수 있다).

3   **You should wait in line.**   너는 줄을 서서 (기다릴 수 있다 / 기다려야 한다).

4   **My mother won't be busy this week.**
나의 어머니는 이번 주에 (바쁠 것이다 / 바쁘지 않을 것이다).

5   **They shouldn't shout here.**
그들은 여기에서 (소리쳐서는 안 된다 / 소리쳐야 한다).

6   **Will you see her soon?**   너는 그녀를 곧 (만날 거니 / 만나야만 하니)?

7   **Can the dog jump high?**
그 개는 높이 (뛸 거니 / 뛸 수 있니)?

8   **Should we stay home?**
우리는 집에 (있어야 하니 / 있을 거니)?

> **Words**
> in line 줄 서서
> this week 이번 주
> shout 소리치다
> soon 곧

CHUNK

'조동사 + 동사원형'이 하나의 청크로 동사 자리에 와요.

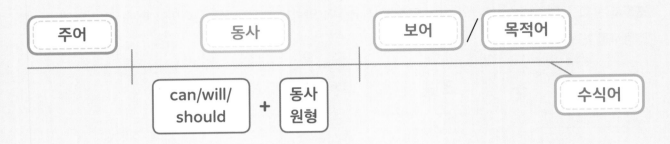

C 동사의 뜻을 쓰고, 빈칸에 알맞은 말을 써 보세요.

044

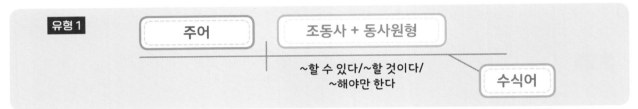

1 Ducks can swim fast.

오리들은   can swim   빠르게

2 My team can win this time.

나의 팀이   can win   이번에

3 You should leave early.

너는   should leave   일찍

4 We can play outside.

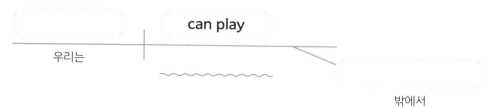

우리는   can play

밖에서

5 My friends will be here tomorrow.

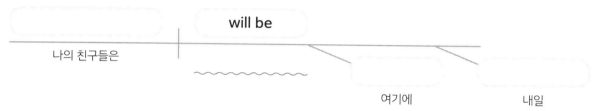

나의 친구들은   will be

여기에   내일

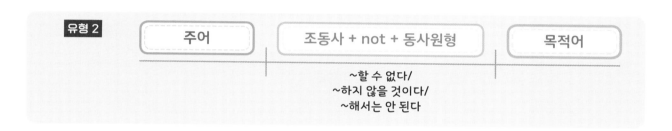

| 유형 2 | 주어 | 조동사 + not + 동사원형 | 목적어 |

~할 수 없다/
~하지 않을 것이다/
~해서는 안 된다

6 I can't do my homework.

나는   can't do   내 숙제를

7 We shouldn't tell a lie.

우리는   shouldn't tell   거짓말을

8 Leo and I will not watch the movie.

Leo와 나는   will not watch   그 영화를

2. win 이기다
3. leave 떠나다
4. outside 밖에서
5. be ~에 있다
6. do one's homework
    숙제를 하다
7. tell a lie 거짓말을 하다
8. watch 보다

9 You should not bring food.

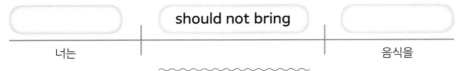

너는   should not bring   음식을

10 She cannot move this heavy box.

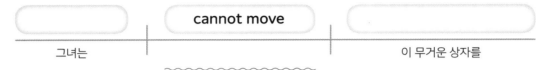

그녀는   cannot move   이 무거운 상자를

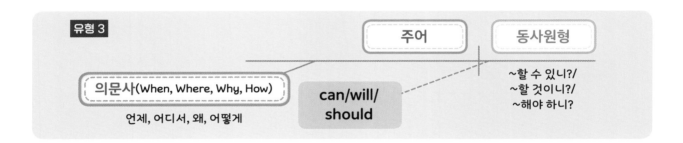

유형 3

주어   동사원형

의문사(When, Where, Why, How)

can/will/should

~할 수 있니?/ ~할 것이니?/ ~해야 하니?

언제, 어디서, 왜, 어떻게

11 When can we start?

start

우리는

?

언제

12 Where will you eat tomorrow?

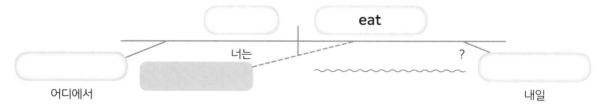

eat

너는

?

어디에서   내일

13 Why should I say sorry?

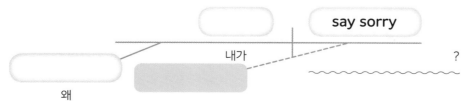

say sorry

내가

?

왜

14 How should we breathe?

breathe

우리는

어떻게

?

15 How can you remember for so long?

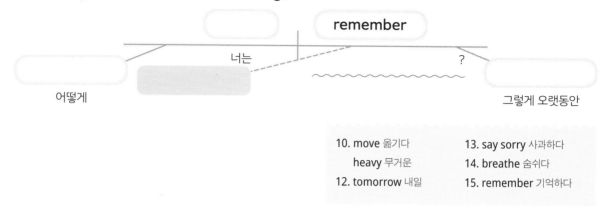

remember

너는

어떻게

?

그렇게 오랫동안

10. move 옮기다	13. say sorry 사과하다
heavy 무거운	14. breathe 숨쉬다
12. tomorrow 내일	15. remember 기억하다

D <보기>처럼 동사(서술어)를 고르고, 끊어 읽기 표시를 해 보세요.

보기   She / can bake / cookies.

1 The kid can climb a tree.

2 We should take the bus.

3 You can't take pictures here.

4 What will you eat for breakfast?

5 Why should they talk to you?

[Story] Hansel and Gretel (2)

Short Story 1

¹ <u>Tom</u> went to bed at nine. ² **He** was tired but **he** couldn't sleep. ³ **He** heard strange noises in the dark. ⁴ An owl hooted nearby.

045

👆 **Point**

• He는 Tom을 대신해요.

A 이야기의 각 문장을 청크로 나눠 읽을 때, 빈칸에 알맞은 말을 써 보세요.

1

Tom은 | 갔다(들었다) | 잠자리에 | 9시에

2

그는 | 이었다 | 피곤한

but 그러나 | 그는 | 잠을 잘 수 없었다

3

그는 | 들었다 | 이상한 소리들을 | 어둠 속에서

4

부엉이가 | 울었다 | 근처에서

B 다음 문장이 이야기와 일치하면 Yes, 틀리면 No에 동그라미 하세요.

Tom wasn't tired but he went to bed early.   Yes No

Short Story 2

046

1 There are many kinds of doctors. **2** Doctors make people healthier. **3** When <u>people</u> get sick, <u>doctors</u> help **them** get better. **4** **They** also help people keep healthy.

Point
• them은 people을 대신해요.
• They는 doctors를 대신해요.

A 이야기의 각 문장을 청크로 나눠 읽을 때, 빈칸에 알맞은 말을 써 보세요.

1

있다	많은 종류의 의사들이

There

2

의사들은	만든다	사람들을	더 건강한

3

When ~할 때

사람들이	~하게 되다	아픈

의사들은	도와준다	그들을	더 좋아지도록

4

그들은	돕는다	사람들이	건강을 유지하도록

또한

B 다음 문장이 이야기와 일치하면 Yes, 틀리면 No에 동그라미 하세요.

Doctors help people get better.　　　　　　Yes　No

047

1 The little mermaid had <u>five sisters</u>. **2** They were all beautiful, with long hair and tails. **3** <u>The little mermaid</u> was the youngest. **4** **She** was very beautiful.

👆 **Point**

- They는 five sisters를 대신해요.
- She는 The little mermaid를 대신해요.

A 이야기의 각 문장을 청크로 나눠 읽을 때, 빈칸에 알맞은 말을 써 보세요.

1

인어공주는	가지고 있었다	5명의 자매를

2

그들은	이었다	모두 아름다운

긴 머리와 꼬리를 가진

3

인어공주는	이었다	가장 어린

4

그녀는	이었다	매우 아름다운

B 이야기와 일치하면 Yes, 틀리면 No에 동그라미 하세요.

1 The little mermaid had beautiful sisters. Yes No

2 The little mermaid had long hair. Yes No

3 The little mermaid was the oldest. Yes No

Hansel and Gretel (2)

A 동사(서술어)에 주의하며 이야기를 들어 보세요.

048

A wicked old witch lived in the house.

The witch locked Hansel in a cage.

She wanted to eat Hansel when he was fat.

The best food was cooked for poor Hansel, but Gretel got nothing.

One day morning, the witch was ready to eat Hansel.

She boiled a huge pot of water.

Just then Gretel pushed the witch into the hot pot.

Gretel opened Hansel's cage and set her brother free.

The two children found a box of treasure in the witch's house.

They happily returned home with the treasure.

Words

wicked 못된, 사악한
witch 마녀
lock 잠가두다 – locked(과거)
cage 우리, 새장
boil 끓이다 – boiled(과거)
huge 거대한
pot 냄비, 솥
push 밀다 – pushed(과거)
set ~ free ~을 풀어주다
treasure 보석
return 돌아가다
– returned(과거)

B 이야기의 각 문장을 청크로 나눠 읽을 때, 빈칸에 알맞은 말을 써 보세요.

1 A wicked old witch lived in the house.

사악한 늙은 마녀가 | 살았다

그 집에

2 The witch locked Hansel in a cage.

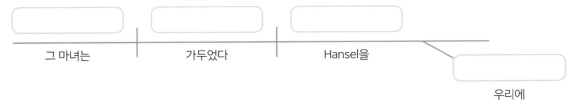

그 마녀는   가두었다   Hansel을

우리에

3 She wanted to eat Hansel when he was fat.

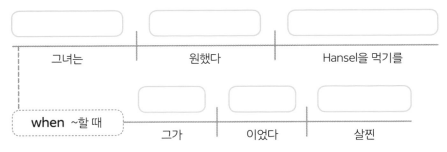

그녀는   원했다   Hansel을 먹기를

when ~할 때   그가   이었다   살찐

4 The best food was cooked for poor Hansel, but Gretel got nothing.

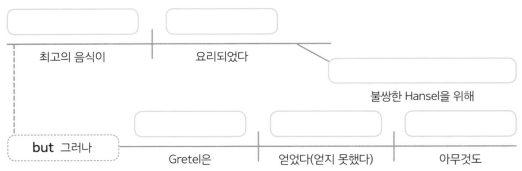

최고의 음식이   요리되었다

불쌍한 Hansel을 위해

but 그러나   Gretel은   얻었다(얻지 못했다)   아무것도

5 One day morning, the witch was ready to eat Hansel.

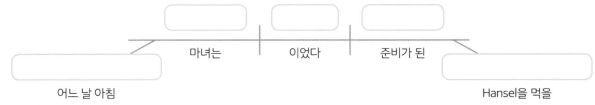

마녀는   이었다   준비가 된

어느 날 아침   Hansel을 먹을

6 She boiled a huge pot of water.

그녀는   끓였다   큰 솥을

물(의)

7 Just then Gretel pushed the witch into the hot pot.

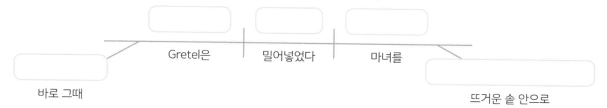

바로 그때 / Gretel은 / 밀어넣었다 / 마녀를 / 뜨거운 솥 안으로

8 Gretel opened Hansel's cage and set her brother free.

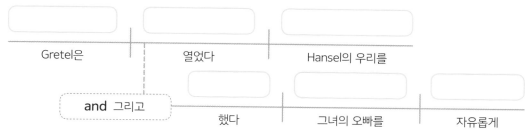

Gretel은 / 열었다 / Hansel의 우리를 / and 그리고 / 했다 / 그녀의 오빠를 / 자유롭게

9 The two children found a box of treasure in the witch's house.

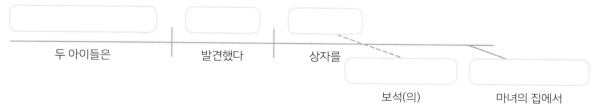

두 아이들은 / 발견했다 / 상자를 / 보석(의) / 마녀의 집에서

10 They happily returned home with the treasure.

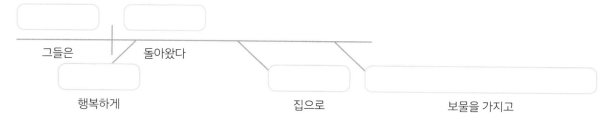

그들은 / 돌아왔다 / 행복하게 / 집으로 / 보물을 가지고

C 이야기를 다시 읽고, 이야기의 순서에 맞게 문장 앞에 번호를 써 보세요.

[ ] Hansel and Gretel found the witch's treasure.

[ ] Gretel pushed the witch into the pot and killed her.

[ ] The witch wanted to eat Hansel and boiled water.

[품사] 형용사_보어

WORD

형용사란 명사 앞에서 명사를 꾸며주거나 동사 뒤에서 명사를 설명하는 역할을 해요. 원래 형태는
원급, 둘을 비교할 때는 비교급, 셋 이상 비교할 때는 최상급 형태를 써요.

원급	비교급	최상급
tall 키가 큰	**tall**er 키가 더 큰	the **tall**est 키가 가장 큰
hot 뜨거운	**hot**ter 더 뜨거운	the **hot**test 가장 뜨거운
good 좋은	**better** 더 좋은	the **best** 가장 좋은

A 그림을 보고, ⓐ~ⓕ 중에서 일치하는 형용사 변화를 골라 쓰세요.

ⓐ wet - wetter - the wettest   ⓑ heavy - heavier - the heaviest   ⓒ fast - faster - the fastest

ⓓ many - more - the most   ⓔ happy - happier - the happiest   ⓕ big - bigger - the biggest

RULE

형용사는 홀로 또는 명사와 함께 be동사 뒤에서 보어 역할을 해요.

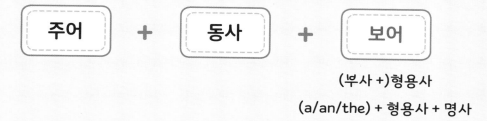

주어 **+** **동사** **+** **보어**

(부사 +)형용사

(a/an/the) + 형용사 + 명사

B <보기>처럼 형용사에 밑줄을 긋고, 그 뜻을 괄호 안에서 골라 보세요.

049

보기 The cake smells <u>delicious</u>. 그 케익은 (맛있는 / 달콤한) 냄새가 난다.

1 **The room was very cold.** 그 방은 너무 (따뜻했다 / 추웠다).

2 **I am glad to meet you.** 너는 만나게 되어 (기쁘다 / 슬프다).

3 **That was a black cat.** 저것은 (검은 / 흰) 고양이였다.

4 **The floor became wet.** 바닥이 (말랐다 / 젖었다).

5 **He looked handsome.** 그는 (잘생겨 / 행복해) 보였다.

6 **This bike is new.** 이 자전거는 (새 / 헌) 것이다.

7 **The moon was very bright.**
달은 매우 (컸다 / 밝았다).

8 **Lisa is still young.**
Lisa는 아직 (졸리다 / 어리다).

Words

glad 기쁜
floor 바닥
handsome 잘생긴
bright 밝은
still 아직

CHUNK

형용사가 하나의 청크로 보어 역할을 하거나, 명사와 함께 보어 역할을 해요.

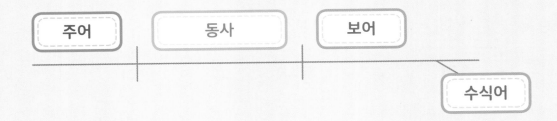

C 형용사의 뜻을 쓰고, 빈칸에 알맞은 말을 써 보세요.

050

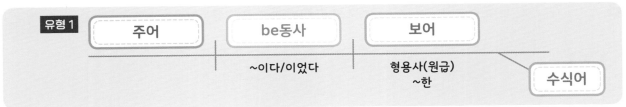

1 Sarah is afraid of dogs.

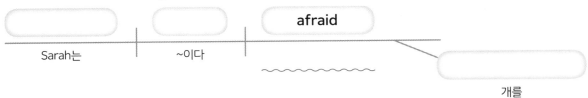

Sarah는 / ~이다 / afraid

개를

2 John is happy with his test results.

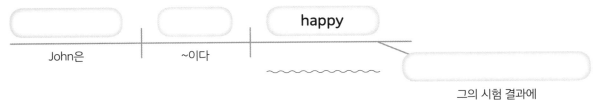

John은 / ~이다 / happy

그의 시험 결과에

3 You are very kind to all of us.

너는 / ~이다 / very kind 매우

우리 모두에게

4   He is great at swimming.

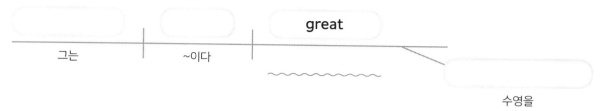

그는   ~이다   great

수영을

5   The children were excited about the presents.

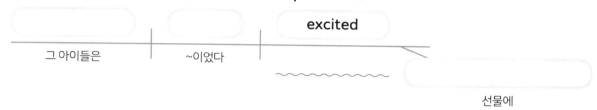

그 아이들은   ~이었다   excited

선물에

유형 2 주어 be동사 보어

~이다   형용사(비교급) 더 ~한   수식어

6   My hair was longer than hers.

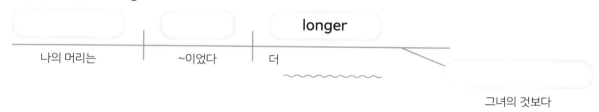

나의 머리는   ~이었다   더   longer

그녀의 것보다

7   Students are busier than ever before.

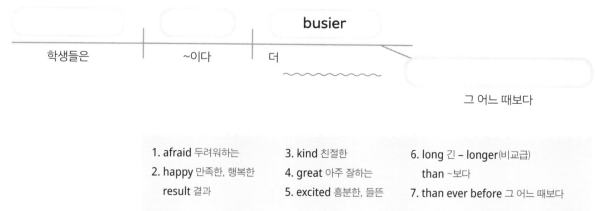

학생들은   ~이다   더   busier

그 어느 때보다

1. afraid 두려워하는
2. happy 만족한, 행복한
   result 결과

3. kind 친절한
4. great 아주 잘하는
5. excited 흥분한, 들뜬

6. long 긴 – longer(비교급)
   than ~보다
7. than ever before 그 어느 때보다

8 This box was smaller than Jim's box.

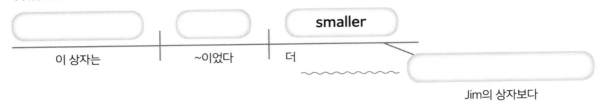

| | | smaller | |
| 이 상자는 | ~이었다 | 더 | Jim의 상자보다 |

9 The Earth is larger than the moon.

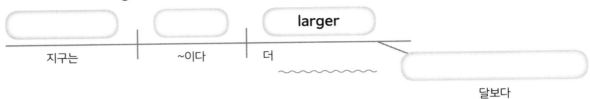

| | | larger | |
| 지구는 | ~이다 | 더 | 달보다 |

10 Summer is warmer than winter.

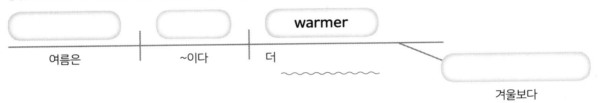

| | | warmer | |
| 여름은 | ~이다 | 더 | 겨울보다 |

유형 3 주어 | be동사 | 보어
~이다 | 형용사(최상급) + 명사 가장 ...한 ~ | 수식어

11 Alex is the smartest student in the class.

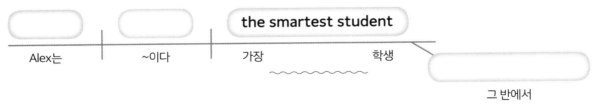

| | | the smartest student | |
| Alex는 | ~이다 | 가장 학생 | 그 반에서 |

12 George is the nicest person in the town.

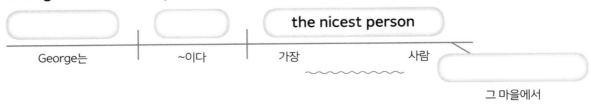

| | | the nicest person | |
| George는 | ~이다 | 가장 사람 | 그 마을에서 |

13 Jupiter is the biggest planet in the solar system.

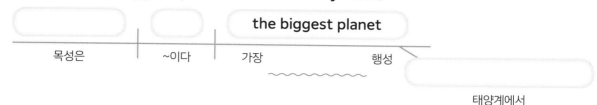

		the biggest planet	
목성은	~이다	가장	행성

태양계에서

14 I am the happiest person in the world.

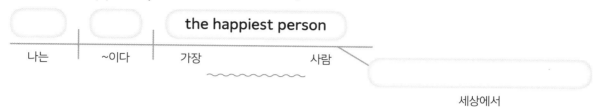

		the happiest person	
나는	~이다	가장	사람

세상에서

15 Summer is the hottest time of the year.

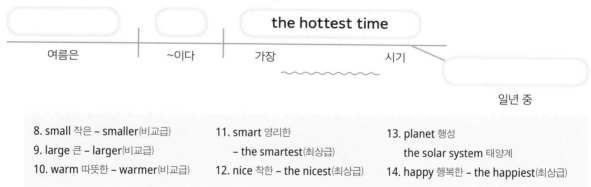

		the hottest time	
여름은	~이다	가장	시기

일년 중

8. small 작은 – smaller(비교급)	11. smart 영리한	13. planet 행성
9. large 큰 – larger(비교급)	– the smartest(최상급)	the solar system 태양계
10. warm 따뜻한 – warmer(비교급)	12. nice 착한 – the nicest(최상급)	14. happy 행복한 – the happiest(최상급)

D <보기>처럼 형용사를 고르고, 끊어 읽기 표시를 해 보세요.

보기   It / was (dark) in the dining room.

1 I was good at math.

2 My brother is taller than my father.

3 John is afraid of spiders and snakes.

4 My mother's cooking is better than mine.

5 This is the smallest house in the town.

[Story] Jack and the Beanstalk (1)

Short Story 1

051

1 Harry's aunt looked around **her** room. 2 **She** was so happy with the new house. 3 **She** sat down by the fire. 4 **She** drank a cup of hot tea.

👆 **Point**
• her, She는 Harry's aunt를 대신 해요.

A 이야기의 각 문장을 청크로 나눠 읽을 때, 빈칸에 알맞은 말을 써 보세요.

1

Harry의 이모는	둘러봤다	그녀의 방을

2

그녀는   이었다   매우 행복한

새 집 때문에

3

그녀는   앉았다

난롯불 옆에

4

그녀는   마셨다   뜨거운 차 한 잔을

B 이야기와 일치하도록 괄호 안에서 알맞은 단어에 동그라미 하세요.

Harry's aunt was (happy / sad) with the (big / new) house.

She (sat / drank) a cup of hot (tea / coffee).

Short Story 2

052

1 A human skeleton has about 206 bones. **2** The bones are many different sizes and shapes. **3** They give the body shape. **4** They also protect the body parts.

🔍 **Point**

• They는 앞에 나온 The bones를 대신해요.

A 이야기의 각 문장을 청크로 나눠 읽을 때, 빈칸에 알맞은 말을 써 보세요.

1

인간의 골격은	가지고 있다	약 206개의 뼈를

2

뼈들은	이다	다양한 크기와 모양

3

그것들은	준다	몸에게	형태를

4

그것들은	보호한다	몸의 부위들을

또한

B 질문에 알맞은 답을 고르세요.

1 How many bones do we have?

ⓐ about 260 bones   ⓑ about 206 bones   ⓒ about 602 bones

2 What do the bones protect?

ⓐ body shape   ⓑ body parts   ⓒ body weight

053

1 Suddenly the sky went black. **2** The sea was black and angry. **3** Water came up onto <u>the ship</u> and **it** began to break. **4** People all jumped into the water.

Point
• it는 the ship을 대신해요.

A 이야기의 각 문장을 청크로 나눠 읽을 때, 빈칸에 알맞은 말을 써 보세요.

1

| | 하늘이 | ~되었다(변했다) | 어두운(캄캄한) |

갑자기

2

바다는   이었다   검고 화난

3

물이   올라왔다
배 위로

and 그리고   그것은   시작했다   부서지기를

4

사람들은   뛰어들었다

모두   물속으로

B 이야기와 일치하면 Yes, 틀리면 No에 동그라미 하세요.

1 The sky went black.   Yes   No

2 The sea was quiet.   Yes   No

A 동사(서술어)에 주의하며 이야기를 들어 보세요.

054

Once upon a time, there lived a poor widow and her son Jack.

One day, Jack's mother told him to sell their only cow.

Jack went to the market.

An old man wanted to buy the cow.

Jack sold the cow for his five magic beans!

When he reached home, his mother was very angry.

She threw the beans out of the window.

The next day, Jack saw a huge beanstalk in the garden.

He climbed up the beanstalk and reached a huge castle in the sky.

There lived a giant and his wife in the castle.

Words

widow 과부, 홀어미
tell 말하다 – told(과거)
sell 팔다 – sold(과거)
magic 마법의
reach ~에 이르다
– reached(과거)
throw 던지다 – threw(과거)
see 보다 – saw(과거)
huge 거대한
beanstalk 콩나무 줄기
castle 성
giant 거인

B 이야기의 각 문장을 청크로 나눠 읽을 때, 빈칸에 알맞은 말을 써 보세요.

1 Once upon a time, there lived a poor widow and her son Jack.

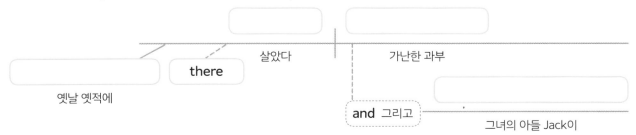

살았다   가난한 과부

there

옛날 옛적에

and 그리고

그녀의 아들 Jack이

2 One day, Jack's mother told him to sell their only cow.

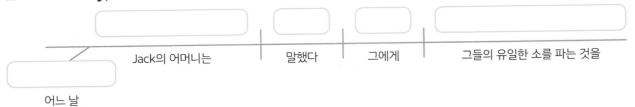

어느 날 / Jack의 어머니는 / 말했다 / 그에게 / 그들의 유일한 소를 파는 것을

3 Jack went to the market.

Jack은 / 갔다 / 시장에

4 An old man wanted to buy the cow.

한 노인이 / 원했다 / 그 소를 사기를

5 Jack sold the cow for his five magic beans!

Jack은 / 팔았다 / 그 소를 / 그의 마법의 콩 다섯 개를 대가로

6 When he reached home, his mother was very angry.

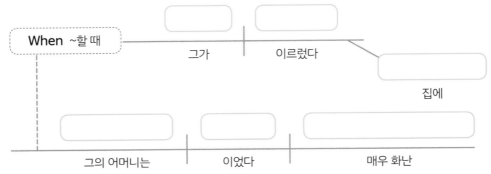

When ~할 때 / 그가 / 이르렀다 / 집에 / 그의 어머니는 / 이었다 / 매우 화난

7 She threw the beans out of the window.

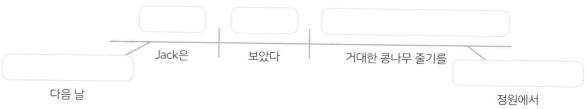

그녀는	던졌다	그 콩들을

창 밖으로

8 The next day, Jack saw a huge beanstalk in the garden.

Jack은	보았다	거대한 콩나무 줄기를

다음 날

정원에서

9 He climbed up the beanstalk and reached a huge castle in the sky.

그는	올라갔다	그 콩나무 줄기를

and 그리고

도착했다 거대한 성에

하늘에 있는

10 There lived a giant and his wife in the castle.

살고 있었다	거인과 그의 아내가

There

성에는

C 이야기와 일치하면 Yes, 틀리면 No에 동그라미 하세요.

1 Jack's mother sold their only pig.　　　　Yes　No

2 Jack lived with his father.　　　　Yes　No

3 The beanstalk reached a giant's castle.　　　　Yes　No

[품사] 부사_수식어

WORD

부사는 동사, 형용사, 부사를 꾸며주는 말로 장소, 방법, 시간 등을 나타내요. 부사에는 형용사 뒤에 ly 를 붙이거나 형용사와 같은 모양이에요.

1) 동사 + 부사	2) 부사 + 형용사	3) 부사 + 부사
<u>run</u> fast	very <u>hungry</u>	really <u>slowly</u>

A 각 단어를 부사의 종류에 알맞게 분류해 표에 써 보세요.

there 거기에	well 잘	far 멀리	quickly 급히
yesterday 어제	hard 열심히	today 오늘	home 집에
very 매우	early 일찍	outside 밖에	much 많이
too 너무	now 지금	really 정말로	slowly 천천히

Place (장소) 어디서		far		outside
Manner (방법) 어떻게		quickly		slowly
Time (시간) 언제	yesterday			now
Degree (정도) 얼마나, 어느 정도		too		really

RULE

부사는 동사, 형용사, 부사를 꾸며주는 역할을 해요. 부사는 꾸며주는 동사 뒤나 부사 또는 형용사 앞에 써요.

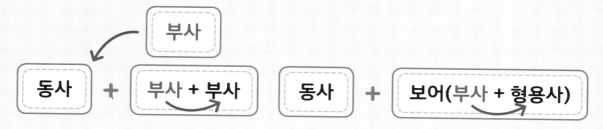

B <보기>처럼 괄호 안의 수만큼 부사에 동그라미 하고, 그 뜻에 밑줄을 그어 보세요.

055

보기

She said very quietly. (2)
그녀는 매우 조용히 말했다.

1 The kids played outside today. (2)　아이들은 오늘 밖에서 놀았다.

2 We saw them there. (1)　우리는 그들을 거기서 보았다.

3 I am so hungry now. (2)　나는 지금 너무 배가 고프다.

4 I can speak English very well. (2)　나는 영어를 매우 잘 구사할 수 있다.

5 The family will come home next week. (2)
그 가족은 다음 주에 집에 올 것이다.

6 The man quietly opened the door. (1)　그 남자는 조용히 문을 열었다.

7 The wind is blowing slowly now. (2)
바람이 지금 천천히 불고 있다.

8 The boy studied very hard. (2)
그 소년은 매우 열심히 공부했다.

blow (바람 등이) 불다

CHUNK

부사는 동사 뒤에서 홀로 수식어 역할을 하거나 보어로 쓰인 형용사 앞에서 꾸며주는 역할을 해요.

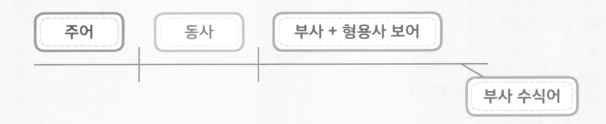

C 부사 수식어의 뜻을 쓰고, 빈칸에 알맞은 말을 써 보세요.

056

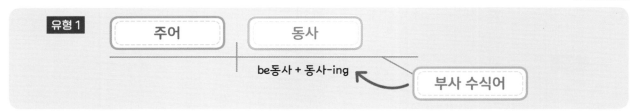

1 I am listening carefully.

나는   듣고 있다

carefully

2 The train is moving very slowly.

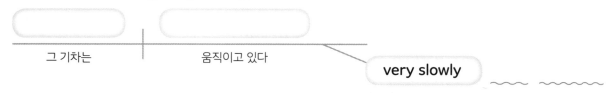

그 기차는   움직이고 있다

very slowly

3 The horses are running really fast.

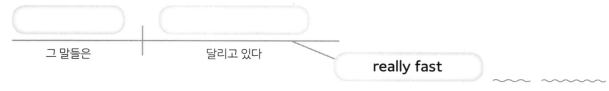

그 말들은   달리고 있다

really fast

4 The dog is sleeping peacefully on her bed.

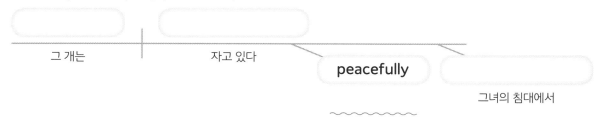

그 개는　자고 있다　peacefully　그녀의 침대에서

5 Max is singing loudly in the shower.

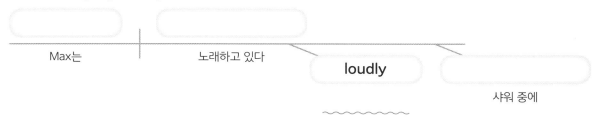

Max는　노래하고 있다　loudly　샤워 중에

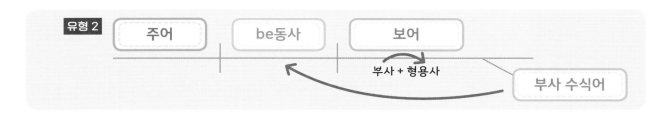

유형 2　주어　be동사　보어　부사 + 형용사　부사 수식어

6 The mountains are very high.

그 산들은　~이다　very high　높은

4. peacefully 평화롭게
5. loudly 큰 소리로, 시끄럽게
6. mountain 산
7. so 아주

7 I was so busy yesterday.

나는　~이었다　so busy　바쁜　yesterday

8 The boys were really hungry today.

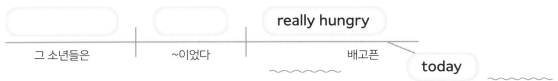

그 소년들은　~이었다　really hungry　배고픈　today

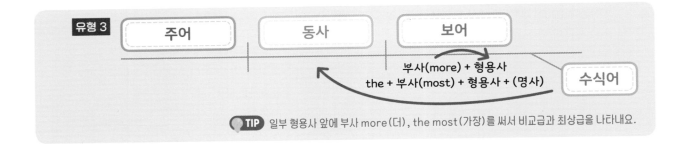

9 Nothing is more interesting than this.

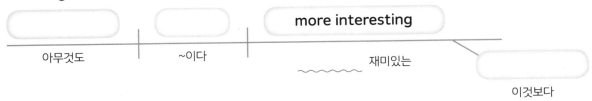

| 아무것도 | ~이다 | more interesting 재미있는 | 이것보다 |

10 She is more beautiful than before.

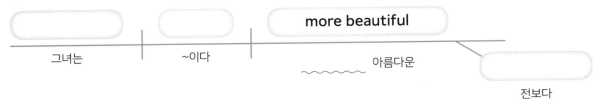

| 그녀는 | ~이다 | more beautiful 아름다운 | 전보다 |

11 I was more tired than Jack after the race.

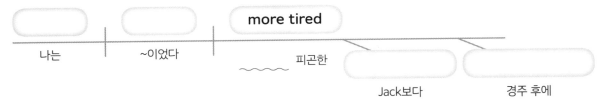

| 나는 | ~이었다 | more tired 피곤한 | Jack보다 | 경주 후에 |

12 The math test was the most difficult of all the tests.

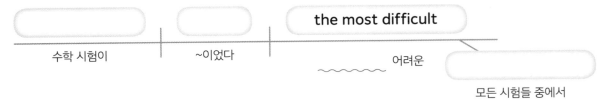

| 수학 시험이 | ~이었다 | the most difficult 어려운 | 모든 시험들 중에서 |

13 Health is the most important thing.

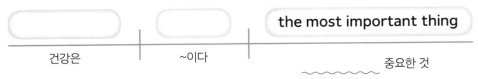

| 건강은 | ~이다 | the most important thing 중요한 것 |

14 Switzerland is the most expensive country in Europe.

스위스가 ~이다 the most expensive country 비싼 나라 유럽에서

15 Parents are the most important people in a child's world.

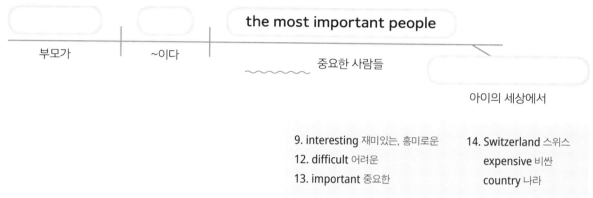

부모가 ~이다 the most important people 중요한 사람들 아이의 세상에서

9. interesting 재미있는, 흥미로운
12. difficult 어려운
13. important 중요한

14. Switzerland 스위스
    expensive 비싼
    country 나라

D <보기>처럼 동그라미 한 부사가 꾸미는 부분과 밑줄 친 부분이 꾸미는 부분을 화살표로 표시하고, 끊어 읽기도 표시해 보세요.

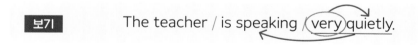

보기   The teacher / is speaking (very) quietly.

1 The roads are (very) busy.

2 The baby smiled (happily).

3 My dad was driving (very) carefully.

4 This is the (most) interesting book.

5 It was (really) hot today.

[Story] Jack and the Beanstalk (2)

Short Story 1

057

1 The singer stood on the stage. **2** He felt a thousand eyes staring at him. **3** He opened his mouth. **4** He tried to sing, but no sound came out.

Point

• He는 The singer를 대신해요.

A 이야기의 각 문장을 청크로 나눠 읽을 때, 빈칸에 알맞은 말을 써 보세요.

1

가수가 | 섰다

무대 위에

2

그는 | 느꼈다 | 천 개의 눈이 | 그를 응시하고 있는 것을

3

그는 | 열었다 | 그의 입을

4

그는 | 노력했다 | 노래 부르려고

but 그러나 | 아무 소리도 | 나오지 않았다

B 이야기와 일치하도록 괄호 안에서 알맞은 단어에 동그라미 하세요.

The singer stood on the (stage / mouth).

He tried to (sing / stand), but no (eyes / sound) came out.

1 A ship is a large boat. **2** It sails on the ocean.
3 Ships carry people or things from place to place.
4 People use different types of ships for many
different purposes.

058

👆 **Point**
• It은 A ship을 대신해요.

A 이야기의 각 문장을 청크로 나눠 읽을 때, 빈칸에 알맞은 말을 써 보세요.

1
선박은	이다	큰 배

2
그것은	항해한다

바다에서

3
선박들은	나른다	사람들을

or 또는

물건들을

여기저기

4
사람들은	사용한다	각각 다른 종류를

배의   여러가지 다양한 목적을 위해

059

Short Story 3

1 <u>Bella</u> was a kind and clever girl. **2 She** loved reading. **3 <u>Her</u> two older sisters** were often nasty to her. **4 They** only liked to wear fine clothes and go to parties.

Point
- She, Her는 Bella를 대신해요.
- They는 Her two older sisters를 대신해요.

A 이야기의 각 문장을 청크로 나눠 읽을 때, 빈칸에 알맞은 말을 써 보세요.

1

Bella는	이었다	친절하고 영리한 소녀

2

그녀는	아주 좋아했다	책 읽기를

3

그녀의 두 언니들은	이었다	심술궂은

자주   그녀에게

4

그들은	좋아했다	멋진 옷을 입는 것을

단지

and 그리고   파티에 가는 것을

B 이야기와 일치하면 Yes, 틀리면 No에 동그라미 하세요.

1 Bella had two sisters.　　　　Yes　No

2 Bella's sisters loved reading.　　　Yes　No

126 Unit 20

Long Story | # Jack and the Beanstalk (2)

A 동사(서술어)에 주의하며 이야기를 들어 보세요.

060

Jack met the giant's wife in the kitchen.

The kind wife gave him bread and some milk.

While he was eating, the giant came home.

The woman hid Jack in the kettle.

The giant smelled the boy in the kitchen.

But he ate his food and then he fell fast asleep.

Then Jack took his magic goose and climbed down the beanstalk.

Jack went to the giant's house again and took his golden harp.

Jack chopped the beanstalk with an axe when the giant was following him down.

The giant fell to the ground and died.

Words

while ~하는 동안
kettle 주전자
smell 냄새를 맡다
– smelled(과거)
fall ~한 상태가 되다
– fell(과거)
asleep 잠든
goose 거위
harp 하프
chop 썰다
axe 도끼
follow 따라가다

B 이야기의 각 문장을 청크로 나눠 읽을 때, 빈칸에 알맞은 말을 써 보세요.

1 Jack met the giant's wife in the kitchen.

2 The kind wife gave him bread and some milk.

3 While he was eating, the giant came home.

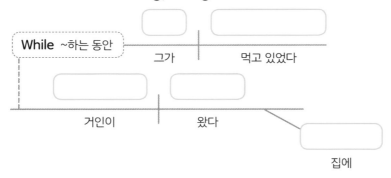

While ~하는 동안

그가   먹고 있었다

거인이   왔다

집에

4 The woman hid Jack in the kettle.

여자는   숨겼다   Jack을

주전자 안에

5 The giant smelled the boy in the kitchen.

거인은   ~의 냄새를 맡았다   소년

부엌에서

6 But he ate his food and then he fell fast asleep.

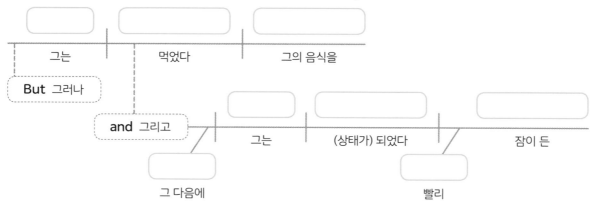

그는   먹었다   그의 음식을

But 그러나

and 그리고

그는   (상태가) 되었다   잠이 든

그 다음에

빨리

7 Then Jack took his magic goose and climbed down the beanstalk.

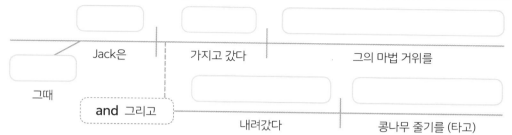

Jack은   가지고 갔다   그의 마법 거위를

그때   **and** 그리고   내려갔다   콩나무 줄기를 (타고)

8 Jack went to the giant's house again and took his golden harp.

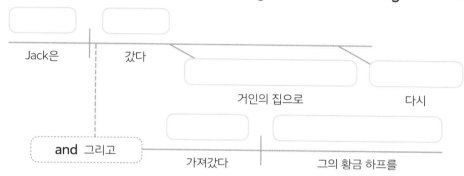

Jack은   갔다   거인의 집으로   다시

and 그리고   가져갔다   그의 황금 하프를

9 Jack chopped the beanstalk with an axe, when the giant was following him down.

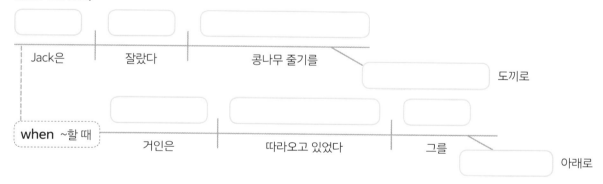

Jack은   잘랐다   콩나무 줄기를   도끼로

when ~할 때   거인은   따라오고 있었다   그를   아래로

10 The giant fell to the ground and died.

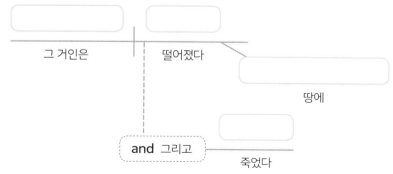

그 거인은   떨어졌다   땅에

and 그리고   죽었다

[품사] 전치사 1_장소, 방향

WORD

전치사는 명사나 대명사 앞에서 위치나 장소, 방향을 나타내는 말이에요.

> **a book in the bag**
> 가방 안 책 한 권
>
> **keys under the mat**
> 매트 아래 열쇠들
>
> **run to the door**
> 문까지 달리다
>
> **walk around a house**
> 집 주위를 걷다

A 그림에 어울리는 전치사와 연결해 보세요.

ⓐ **on** ~ 위에

ⓑ **in** ~ 안에

ⓒ **under** ~ 아래에

ⓓ **behind** ~ 뒤에

ⓔ **to** ~까지

ⓕ **down** ~ 아래로

ⓖ **into** ~ 안으로

ⓗ **out of** ~ 밖으로

RULE

전치사가 들어간 구문은 우리말과 해석 순서가 달라요. 전치사 뒤에 명사나 대명사를 써요.

전치사 + 명사 / 대명사

on + **the desk** 책상 위에
~위에　　책상

to + ***me** 나에게
~에게　　나

TIP 전치사 뒤에는 인칭대명사의 목적격을 써요.

B <보기>처럼 전치사구에 동그라미 하고, 그 뜻에 밑줄을 그어 주세요.

061

보기　　　　　I ran fast to the park.　나는 공원까지 빨리 달렸다.

1　We sat on the same bench.　우리는 같은 벤치에 앉았다.

2　A green frog is in the pond.　청개구리 한 마리가 연못 안에 있다.

3　My dad will be back from America.　우리 아빠는 미국에서 돌아올 것이다.

4　He will give the pie to his sister.　그는 그의 여동생에게 파이를 줄 것이다.

5　I put all my keys in the green box.
나는 나의 모든 열쇠를 녹색 상자 안에 넣었다.

6　The cat went into the room.
고양이가 방 안으로 들어갔다.

7　The children walked out of the garden.
아이들은 정원 밖으로 걸어 나왔다.

Words

same 똑같은
pond 연못
garden 정원

8　They walked down the mountain.
그들은 산 아래로 걸어 내려갔다.

CHUNK

전치사는 뒤에 나오는 명사나 대명사와 함께 하나의 청크 역할을 하며, 문장에서 장소나 방향을 나타내요.

C 전치사구의 뜻을 쓰고, 빈칸에 알맞은 말을 써 보세요.

1 He rolled down the stairs.

그는   굴러떨어졌다   down the stairs

2 The little mermaid lived in the deep sea.

인어공주는   살았다   in the deep sea

3 The children jumped into the river.

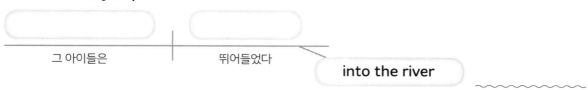

그 아이들은   뛰어들었다   into the river

4 You should stand behind the yellow line.

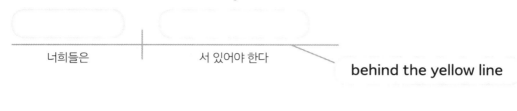

너희들은   서 있어야 한다   behind the yellow line

5 The strong wind is blowing from the east.

강한 바람이   불고 있다   from the east

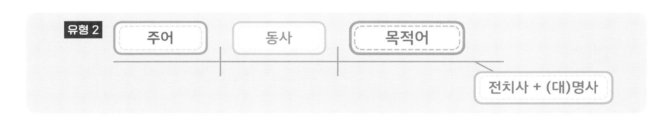

유형 2   주어   동사   목적어

전치사 + (대)명사

6 They won't put many books in it.

그들은   넣지 않을 것이다   많은 책을   in it

7 Some boys entered the room behind me.

몇몇 소년들이   들어갔다   방에   behind me

1. down 아래로
2. deep 깊은
3. into ~ 안으로
4. behind ~ 뒤에
   line 선
5. from ~에서
   east 동쪽
8 out of ~ 밖으로

8 He took some coins out of his pocket.

그는   꺼냈다   동전 몇 개를   out of his pocket

9 We will send a lot of money to them.

우리는 | 보낼 것이다 | 많은 돈을 | to them

10 Tom rode his bike around his house.

Tom은 | 탔다 | 그의 자전거를 | around his house

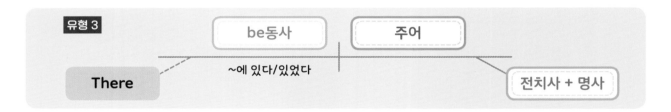

유형 3

be동사 | 주어

There | ~에 있다/있었다 | 전치사 + 명사

11 There is some milk in the fridge.

있다 | 약간의 우유가 | in the fridge

12 There was too much sugar in the cake.

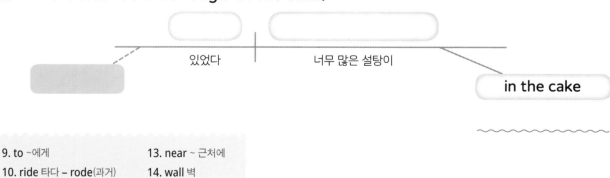

있었다 | 너무 많은 설탕이 | in the cake

9. to ~에게   13. near ~ 근처에
10. ride 타다 – rode(과거)   14. wall 벽
11. fridge 냉장고   15. picture 그림

13 There are a lot of birds near the pond.

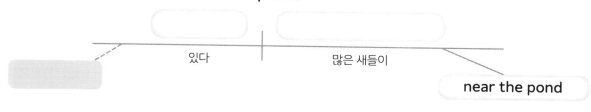

14 There were a few pictures on the wall.

15 There are a lot of people in the picture.

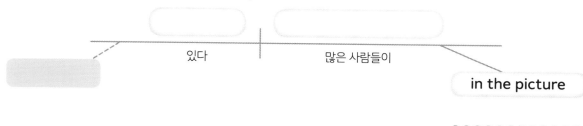

D <보기>처럼 괄호 안의 단어들을 알맞은 순서대로 쓰고, 끊어 읽기 표시를 해 보세요.

> **보기**   He stayed a few days _____ (Paris, in).
> ➜ He / stayed / a few days / in Paris.

1 The cat sat _____ (floor, the, on).

2 Nancy talked _____ (her, to , friend).

3 There are a lot of black clouds _____ (the, sky, in).

4 There was an earthquake _____ (the, near, lake).

5 She put some Christmas gifts _____ (tree, the, under).

Unit 22 [Story] The Frog Prince (1)

Short Story 1

¹ Helen had a fever this morning. ² **Her** mom took **her** to a doctor. ³ The doctor told **her** to take a pill and drink a lot of water. ⁴ **She** will get better tomorrow.

🔍 **Point**
- Her와 She는 Helen을 대신해요.

A   이야기의 각 문장을 청크로 나눠 읽을 때, 빈칸에 알맞은 말을 써 보세요.

1

Helen은 가지고 있었다 열을

오늘 아침에

2

그녀의 엄마는 데려갔다 그녀를

의사에게

3

의사는 말했다 그녀에게 약을 먹기를

and ~와

물을 많이 마시기를

4

그녀는 ~하게 될 것이다 (몸이) 더 좋아진

내일

B   이야기와 일치하도록 괄호 안에서 알맞은 단어에 동그라미 하세요.

Helen had a (fever / headache) this morning.

She should take a (pill / water) and drink a lot of (water / pill).

136 Unit 22

1 A penguin is a black and white sea bird. **2** Its wings look like flippers. **3** Penguins cannot fly but **they** can use **their** wings to swim. **4** They live mostly in cold ocean.

064

 Point
- Its는 A penguin을 대신해요.
- they, their는 Penguins를 대신 해요.

A 이야기의 각 문장을 청크로 나눠 읽을 때, 빈칸에 알맞은 말을 써 보세요.

1

펭귄은	이다	검고 하얀 바다새

2

그것의 날개는	~처럼 보인다	지느러미발

3

펭귄들은 / 날 수 없다

but 그러나 / 그것들은 / 사용할 수 있다 / 그들의 날개를 / 수영하기 위해

4

그것들은 / 산다 / 주로 / 차가운 바다에서

B 이야기와 일치하면 Yes, 틀리면 No에 동그라미 하세요.

Most penguins live on the land.   Yes No

065

1 <u>Gepetto</u> was a carpenter in a small town of Italy. **2** <u>He</u> was poor and lived alone. **3** One day, <u>he</u> made <u>a wooden puppet</u>. **4** <u>It</u> looked like a real boy.

👆 **Point**

• He는 Gepetto를 대신해요.
• It은 a wooden puppet을 대신해요.

A 이야기의 각 문장을 청크로 나눠 읽을 때, 빈칸에 알맞은 말을 써 보세요.

1
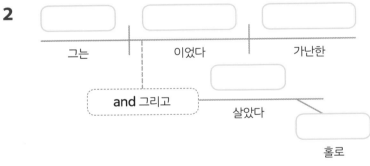

Gepetto는 　　　 이었다 　　　 목수

이탈리아의 작은 마을에서

2

그는 　　　 이었다 　　　 가난한

and 그리고 　　　 살았다

홀로

3
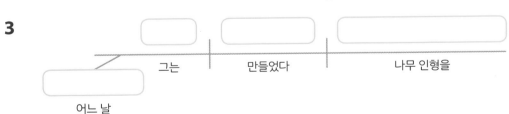

그는 　　　 만들었다 　　　 나무 인형을

어느 날

4

그것은 　　　 ~처럼 보였다 　　　 진짜 소년

B 다음 질문에 알맞은 답을 고르세요.

What did Gepetto make?　　　ⓐ a boy　　　ⓑ a puppet　　　ⓒ a doll

The Frog Prince (1)

A 동사(서술어)에 주의하며 이야기를 들어 보세요.

066

One fine evening, a young princess played with a golden ball.

She threw the ball into the air.

The golden ball fell into the deep well.

The princess began to cry.

She found an ugly frog sitting beside her.

The frog said, "I can bring back your ball."

He wanted to live with her.

The princess promised him to do anything.

The frog jumped into the well and brought the ball to the princess.

As soon as the young princess saw her ball, she ran home with it.

Words

princess 공주
well 우물
ugly 못생긴
beside ~ 옆에
bring back
~을 다시 가져다 주다
bring 가져오다
– brought(과거)
promise 약속하다; 약속

B 이야기의 각 문장을 청크로 나눠 읽을 때, 빈칸에 알맞은 말을 써 보세요.

1 One fine evening, a young princess played with a golden ball.

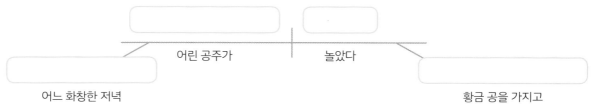

어린 공주가   놀았다

어느 화창한 저녁   황금 공을 가지고

2 She threw the ball into the air.

그녀는	던졌다	공을	
			공중으로

3 The golden ball fell into the deep well.

황금 공이	떨어졌다	
		깊은 우물 속으로

4 The princess began to cry.

공주는	시작했다	울기를

5 She found an ugly frog sitting beside her.

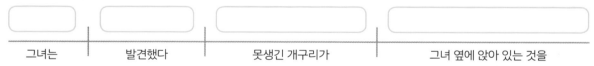

그녀는	발견했다	못생긴 개구리가	그녀 옆에 앉아 있는 것을

6 The frog said, "I can bring back your ball."

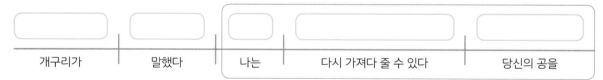

개구리가	말했다	나는	다시 가져다 줄 수 있다	당신의 공을

7 He wanted to live with her.

그는	원했다	그녀와 함께 살기를

8　The princess promised him to do anything.

공주는 | 약속했다 | 그에게 | 무엇이든 할 것을

9　The frog jumped into the well and brought the ball to the princess.

개구리는 | 뛰어들었다

우물 안으로

and 그리고 | 갖다 주었다 | 그 공을

공주에게

10　As soon as the young princess saw her ball, she ran home with it.

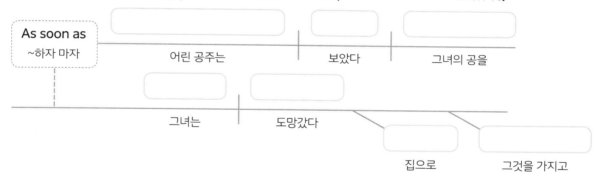

As soon as
~하자 마자

어린 공주는 | 보았다 | 그녀의 공을

그녀는 | 도망갔다

집으로 | 그것을 가지고

C　이야기와 일치하도록 빈칸에 알맞은 말을 써 보세요.

A young princess wanted to play again with her golden 1) _____ .

But she didn't want to live with the 2) _____ .

So she ran home quickly with only her ball.

[품사] 전치사 2_시간, 기타

WORD

전치사는 위치나 장소, 방향 외에도 시간 등을 나타내는 말 앞에 써요.

at six 6시에	**at night** 밤에	**on Sunday** 일요일에	**on April 5th** 4월 5일에
in the morning 아침에	**in summer** 여름에	**after school** 방과 후에	**during the day** 낮 동안

A 빈칸에 시간을 나타내는 전치사를 쓰고, 우리말과 연결해 보세요.

1 **at**

1) _____ 8 o'clock •   • ⓐ 해질 때에
2) _____ noon •   • ⓑ 8시에
3) _____ sunset •   • ⓒ 점심시간에
4) _____ lunchtime •   • ⓓ 정오에

2 **on**

1) _____ Friday •   • ⓐ 5월 3일에
2) _____ May 3rd •   • ⓑ 금요일에
3) _____ my birthday •   • ⓒ 일요일 밤에
4) _____ Sunday night •   • ⓓ 내 생일에

3 **in**

1) _____ 2020 •   • ⓐ 미래에
2) _____ December •   • ⓑ 저녁에
3) _____ the future •   • ⓒ 2020년에
4) _____ the evening •   • ⓓ 12월에

RULE

'전치사 + (대)명사' 표현은 우리말과 해석 순서가 달라요.

for + two days

~ 동안   2일

이틀 동안

with + her

~와   그녀

그녀와 함께

TIP 전치사 뒤에는 인칭대명사의 목적격을 써요.

B <보기>처럼 전치사구에 동그라미 하고, 그 뜻에 밑줄을 그어 주세요.

067

보기   It rained (for a week.)   일주일 동안 비가 내렸다.

1 **Spring comes after winter.**   봄은 겨울 뒤에 온다.

2 **Will you play soccer after class?**   수업 끝나고 축구할 거니?

3 **She has coffee in the morning.**   그녀는 아침에 커피를 마신다.

4 **We can see stars at night.**
   우리는 밤에 별을 볼 수 있다.

5 **She was born in May 2018.**
   그녀는 2018년 5월에 태어났다.

6 **We should do this work before sunset.**
   우리는 해가 지기 전에 이 일을 해야 한다.

7 **Does the store open on Saturday?**
   그 가게는 토요일에 문을 여니?

8 **World War II ended in 1945.**
   2차 세계대전은 1945년에 끝났다.

Words

spring 봄
winter 겨울
class 수업, 반
be born 태어나다
May 5월
sunset 해질녘
end 끝나다

CHUNK

'전치사 + (대)명사'가 하나의 청크로 꾸며주는 역할을 해요.

C 전치사구의 뜻을 쓰고, 빈칸에 알맞은 말을 써 보세요.

068

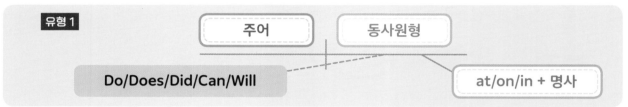

1 Does he work in the evening?

2 Did we meet in 2020?

3 Can you start on Monday?

너는   시작할 수 있니?   on Monday

4 Will you depart on Saturday?

너는   출발할 거야?   on Saturday

유형 2   Let's (not) + 동사원형   목적어

~하자/하지 말자   전치사 + 명사

5 Let's play baseball after lunch.

~하자   야구를   after lunch

6 Let's wash our hands before meals.

씻자   손을   before meals

4. depart 출발하다   6. before ~ 전에, ~ 앞에
5. after ~ 후에, ~ 뒤에   meal 식사

7 Let's finish the job before Friday.

끝내자   그 일을   before Friday

8 Let's take a break after workout.

갖자   휴식을   after workout

유형 3   주어   동사   수식어   for + 명사

9 We waited here for an hour.

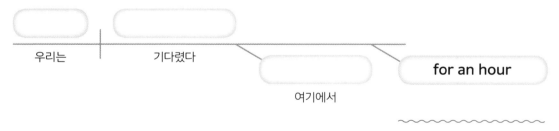

우리는   기다렸다   여기에서   for an hour

10 The strong wind blew for two days.

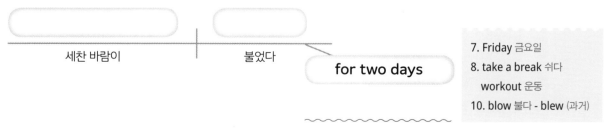

세찬 바람이   불었다   for two days

7. Friday 금요일
8. take a break 쉬다
    workout 운동
10. blow 불다 - blew (과거)

11 It rained a lot for a week.

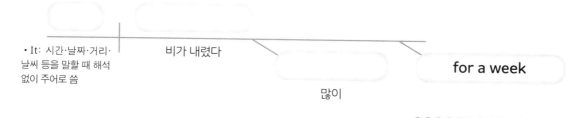

• It: 시간·날짜·거리·
날씨 등을 말할 때 해석
없이 주어로 씀

비가 내렸다

많이

for a week

12 He lived in Paris for some years.

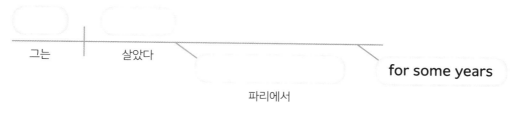

그는

살았다

파리에서

for some years

13 We didn't sleep at all for three days.

우리는

잠을 자지 않았다

전혀

for three days

D <보기>처럼 '전치사 + 명사'의 수식어를 고르고, 끊어 읽기 표시를 해 보세요.

보기   We / stayed / here / for two days.

1 She gets up before sunrise.

2 It snowed for three days.

3 The movie starts at three.

4 My birthday is in March.

5 I visited my uncle during winter vacation.

Short Story 1

069

¹ Mike saw a dog on the sidewalk. ² The dog looked lost. ³ When **he** patted the dog on the head, **it** wagged **its** tail. ⁴ Then **it** followed **him** home.

👆 **Point**
- he, him은 Mike를 대신해요.
- it, its는 the dog를 대신해요.

A 이야기의 각 문장을 청크로 나눠 읽을 때, 빈칸에 알맞은 말을 써 보세요.

1

Mike는 / 보았다 / 개를

보도에서

2

그 개는 / 보였다 / 길을 잃은 (것처럼)

3

When ~할 때 / 그는 / 쓰다듬었다 / 그 개를

머리를

그것은 / 흔들었다 / 그것의 꼬리를

4

그것은 / 따라왔다 / 그를

그러더니

집까지

B 이야기와 일치하도록 괄호 안에서 알맞은 단어에 동그라미 하세요.

Mike saw a lost (cat / dog) on the sidewalk.

It (wagged / waited) its tail and (followed / barked) him home.

Short Story 2

1 <u>Food</u> is what people and animals eat. **2 It** gives us energy. **3 It** makes us grow. **4** Plants make **their** own food from water, air, sunlight and minerals in the soil.

070

Point
- It은 food를 대신해요.
- their는 Plants를 대신해요.

A 이야기의 각 문장을 청크로 나눠 읽을 때, 빈칸에 알맞은 말을 써 보세요.

1

| 음식은 | 이다 | ~하는 것 | 사람과 동물이 | 먹다 |

2

| 그것은 | 준다 | 우리에게 | 에너지를 |

3

| 그것은 | 만든다 | 우리가 | 성장하도록 |

4

| 식물은 | 만든다 | 그들 스스로의 음식을 |

물, 공기, 햇빛으로부터

and ~와

토양 속 미네랄(에서)

B 이야기와 일치하면 Yes, 틀리면 No에 동그라미 하세요.

1 Food gives us energy. Yes No

2 Plants make their own food. Yes No

3 People make food from water. Yes No

071

1 <u>Cinderella</u> ran out of the palace and down the stairs. **2** One of **her** <u>glass shoes</u> fell off, but **she** could not stop. **3** So **she** left **it** on the stairs.

Point
- her와 she는 Cinderella를 대신 해요.
- it은 One of her glass shoes를 대신해요.

A 이야기의 각 문장을 청크로 나눠 읽을 때, 빈칸에 알맞은 말을 써 보세요.

1

신데렐라는   달렸다

궁전 밖으로

and ~와

계단 아래로

2

한 쪽이   떨어졌다

그녀의 유리 구두의

but 그러나

그녀는   멈출 수 없었다

3

So 그래서   그녀는   두고 왔다   그것을

계단에

B 질문에 대한 대답의 빈칸에 알맞은 말을 고르세요.

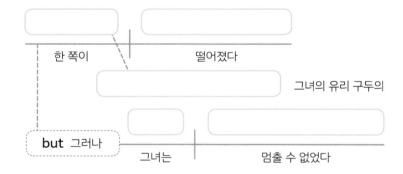

Q: What did Cinderella leave on the stairs?

A: She left one of her _____.

ⓐ glass shoes
ⓑ glasses
ⓒ clocks

The Frog Prince (2)

A 동사(서술어)에 주의하며 이야기를 들어 보세요.

072

In the night, the frog came to the palace.

He called for the princess.

The princess told her father everything that happened.

The king told her to keep the promise.

The frog came in and sat next to the princess.

He ate from her plate and also slept on her bed.

The next morning, the frog wanted her to kiss him.

As soon as she kissed the frog, he turned into a prince!

An evil witch put a spell on the prince.

The prince remained a frog until the princess kissed him.

They got married and lived happily ever after.

Words

palace 궁전
call for ~을 데리러 오다
happen 일어나다, 발생하다
keep 지키다
plate 접시
sleep 자다 – slept(과거)
evil 사악한
spell 마법, 주문
remain 계속[여전히] ~이다
get married 결혼하다

B 이야기의 각 문장을 청크로 나눠 읽을 때, 빈칸에 알맞은 말을 써 보세요.

1 In the night, the frog came to the palace.

개구리는 　　　　　 왔다

밤중에 　　　　　 궁전에

2 He called for the princess.

그는   데리러 왔다   공주를

3 The princess told her father everything that happened.

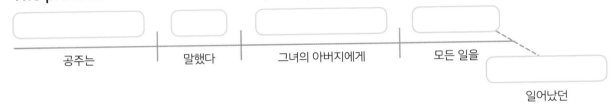

공주는   말했다   그녀의 아버지에게   모든 일을

일어났던

4 The king told her to keep the promise.

왕은   말했다   그녀에게   약속을 지킬 것을

5 The frog came in and sat next to the princess.

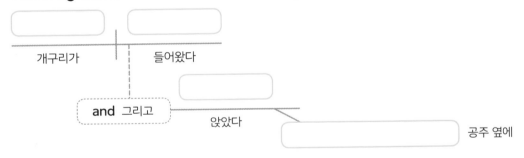

개구리가   들어왔다

and 그리고   앉았다   공주 옆에

6 He ate from her plate and also slept on her bed.

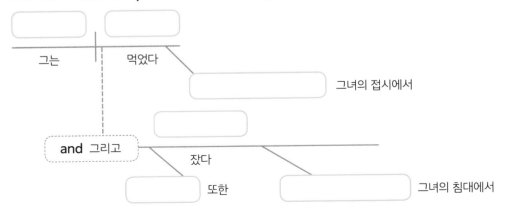

그는   먹었다   그녀의 접시에서

and 그리고   잤다

또한   그녀의 침대에서

7 The next morning, the frog wanted her to kiss him.

개구리는 원했다 그녀가 그에게 키스하기를

그 다음날 아침

8 As soon as she kissed the frog, he turned into a prince

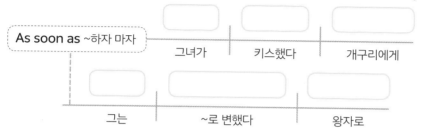

As soon as ~하자 마자

그녀가 키스했다 개구리에게

그는 ~로 변했다 왕자로

9 An evil witch put a spell on the prince.

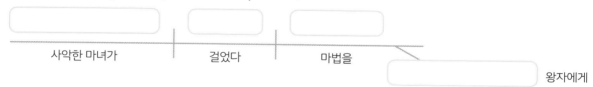

사악한 마녀가 걸었다 마법을

왕자에게

10 The prince remained a frog until the princess kissed him.

그 왕자는 그대로 있었다 개구리로

until ~까지

공주가 키스했다 그에게

11 They got married and lived happily ever after.

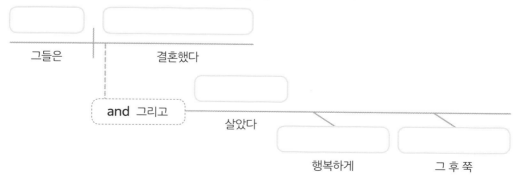

그들은 결혼했다

and 그리고

살았다

행복하게 그 후 쭉

정답 및 해석

Unit 01 [품사] 명사 1_주어

pp.10~15

A

Person	Place	Animal	Thing	Idea
friends	play-ground	butterfly	cake	love
baby	house	cat	scissors	freedom

B

1 Harry / Harry는
2 The sky / 하늘은
3 Summer / 여름은
4 Peter / Peter는
5 His brother / 그의 동생이
6 My mother / 나의 엄마는
7 The new house / 그 새 집은
8 Seoul / 서울은

C

1 다이어그램 cried out / in his dream 한글 뜻 James는
▶ James는 꿈속에서 소리를 질렀다.

2 다이어그램 live / on snow and ice 한글 뜻 북극곰(들)은
▶ 북극곰(들)은 눈과 얼음 위에서 산다.

3 다이어그램 is falling / off the table 한글 뜻 오렌지 하나가
▶ 오렌지 하나가 식탁에서 떨어지고 있다.

4 다이어그램 are playing / in the park
한글 뜻 소년들과 소녀들이
▶ 소년들과 소녀들이 공원에서 놀고 있다.

5 다이어그램 begins / in June 한글 뜻 여름 방학은
▶ 여름 방학은 6월에 시작한다.

6 다이어그램 is eating / bananas 한글 뜻 저 원숭이는
▶ 저 원숭이는 바나나를 먹고 있다.

7 다이어그램 hit / the ball 한글 뜻 그녀의 친구가
▶ 그녀의 친구가 공을 쳤다.

8 다이어그램 solved / the problem 한글 뜻 그의 형이
▶ 그의 형이 그 문제를 풀었다.

9 다이어그램 play / soccer / outside
한글 뜻 나의 친구들과 나는
▶ 나의 친구들과 나는 밖에서 축구를 한다.

10 다이어그램 took / a field trip / to the zoo
한글 뜻 우리 반은
▶ 우리 반은 동물원으로 현장 학습을 갔다.

11 다이어그램 is / tonight 한글 뜻 보름달이
▶ 오늘 밤엔 보름달이 있다.

12 다이어그램 are / on the roof 한글 뜻 고양이 세 마리가
▶ 지붕에 고양이 세 마리가 있다.

13 다이어그램 was / in the bathtub 한글 뜻 거미 한 마리가
▶ 욕조 안에 거미 한 마리가 있었다.

14 다이어그램 were / at the party 한글 뜻 많은 사람들이
▶ 파티에 많은 사람들이 있었다.

15 다이어그램 were / in his eyes 한글 뜻 눈물이
▶ 그의 눈에 눈물이 고여 있었다.

D

1 Hillside Park / is / near my house.
▶ 힐사이드 파크는 우리 집 근처에 있다.

2 Cathy / wore / a hat / yesterday.
▶ Cathy는 어제 모자를 썼다.

3 There / are / many books / here.
▶ 여기에는 책이 많이 있다.

4 Jim and Bob / washed / the dishes.
▶ Jim과 Bob이 설거지를 했다.

5 My mother / cooked / a meal / for me.
▶ 엄마가 나를 위해 식사 준비를 했다.

Unit 02 [Story] The Very Big Turnip (1)

pp.16~21

Short Story 1

A

1 David / looked up / at the sky
2 It / was / dark / with clouds
3 The boy / stayed / at home
4 He / played / a game / with his grandpa
▶ David은 하늘을 올려다 봤다. 하늘은 구름이 껴서 어두웠다. David은 집에 있었다. 그는 할아버지와 같이 게임을 했다.

B ⓐ A boy at home

Short Story 2

A

1 Bats / like / to fly at night
2 They / sleep / in the day time
3 Most bats / live / in trees and caves
4 They / hang / upside down
   ▶ 박쥐는 밤에 날아다니는 것을 좋아한다. 그들은 낮 시간에 잠을 잔다. 박쥐들은 대부분 나무와 동굴에서 산다. 박쥐들은 거꾸로 매달려 있는다.

B

1 Yes   2 No   3 No

Short Story 3

A

1 Jack / opened / his eyes
2 He / saw / his sister / at the door
3 She / was / ready / to leave
4 They / went / down the stairs
   ▶ Jack은 눈을 떴다. 그는 문 앞에 있는 여동생을 보았다. 그녀는 떠날 준비가 되어 있었다. 그들은 계단을 내려갔다.

B 1) door   2) stairs

Long Story

A

▶ 농부에겐 정원이 있었다. 그는 순무 씨앗을 몇 개 갖고 있었다. 그는 씨앗을 땅에 심었다. 씨앗들은 잘 자랐다. 순무 하나가 매우 크게 자랐다. 농부는 그 순무를 잡아당겼다. 그러나 그것은 움직이지 않았다. 농부는 아내에게 도움을 청했다. "와서 도와 줘!"라고 농부가 말했다.

B

1 A farmer / had / a garden
2 He / had / some turnip seeds
3 He / planted / the seeds / in the ground
4 The seeds / grew / well
5 A turnip / grew / very big
6 The farmer / pulled / the turnip
7 it / didn't move

8 The farmer / called / his wife / for help
9 He / said / "Come and help!"

C

1 ⓐ A farmer
2 1) seeds   2) turnip

Unit 03 [품사] 대명사 1_주어

pp.22~27

A

1	He	2	She	3	We
4	I	5	It	6	They
7	They	8	You	9	We

B

1 It / 그것은   2 He / 그는
3 We / 우리는   4 I / 나는
5 She / 그녀는   6 You / 너는
7 They / 그들은   8 It / 그것은

C

1 다이어그램 walk / to school 한글 뜻 나는
   ▶ 나는 학교까지 걷는다.
2 다이어그램 ran / very fast 한글 뜻 그것은
   ▶ 그것은 매우 빨리 달렸다.
3 다이어그램 played / with friends 한글 뜻 그는
   ▶ 그는 친구들과 놀았다.
4 다이어그램 get up / early 한글 뜻 우리는
   ▶ 우리는 일찍 일어난다.
5 다이어그램 sat / on the sofa 한글 뜻 그녀는
   ▶ 그녀는 소파에 앉았다.
6 다이어그램 went / into the cave 한글 뜻 그들은
   ▶ 그들은 동굴 안으로 들어갔다.
7 다이어그램 is / a vet 한글 뜻 그는
   ▶ 그는 수의사다.
8 다이어그램 is / my bike 한글 뜻 그것은
   ▶ 그것은 나의 자전거이다.

9 다이어그램 are / late 한글 뜻 너는
> 너는 늦었다.

10 다이어그램 are / friends 한글 뜻 우리는
> 우리는 친구다.

11 다이어그램 has / a sister 한글 뜻 그는
> 그는 누나가 한 명 있어요.

12 다이어그램 saw / a ghost 한글 뜻 그녀는
> 그녀는 유령을 봤다.

13 다이어그램 saw / a movie / yesterday 한글 뜻 우리는
> 우리는 어제 영화를 봤다.

14 다이어그램 heard / a noise / at night 한글 뜻 그들은
> 그들은 밤에 소음을 들었다.

15 다이어그램 helped / the farmer 한글 뜻 그들은
> 그들은 그 농부를 도왔다.

D

1 (He /(She)/ They) / has / a brother.
> 그 소녀에게는(→ 그녀에게는) 남자 형제가 있다.

2 (We / You /(They)) / live / in New York.
> Charlie와 Emily는(→ 그들은) 뉴욕에 산다.

3 (She / It /(He)) / is / a tennis player.
> 나의 삼촌은(→ 그는) 테니스 선수다.

Unit 04 [Story] **The Very Big Turnip (2)** pp.28~33

Short Story 1

A

1 Jean / was / on her way home

2 She / saw / her dog / on the street

3 The little dog / wagged / his tail

4 She / picked up / the dog / hugged / him
> Jean은 집에 가는 길이었다. 그녀는 길거리에서 그녀의 개를 보았다. 그 작은 개는 꼬리를 흔들었다. 그녀는 개를 들어 올려 안아 주었다.

B 1) dog   2) home

Short Story 2

A

1 A zebra / has / black and white stripes

2 It / looks like / a small horse

3 Zebras / like / to eat grass

4 They / can run / very fast
> 얼룩말은 검은색과 하얀색의 줄무늬를 가지고 있다. 얼룩말은 작은 말처럼 생겼다. 얼룩말들은 풀 먹는 것을 좋아한다. 얼룩말들은 아주 빨리 달릴 수 있다.

B ⓒ Zebras

Short Story 3

A

1 On a cold winter's day / a little girl / arrived / in London

2 She / was / seven years old

3 She / had / long black hair / green eyes

4 She / smiled / she / was not / happy
> 어느 추운 겨울날, 작은 한 소녀가 런던에 도착했다. 그녀는 일곱 살이었다. 그녀는 검고 긴 머리에 눈은 초록색이었다. 그녀는 미소 지었지만 행복하지는 않았다.

B ⓑ black

Long Story

A
> 농부의 아내가 와서 농부를 붙잡았다. 그들은 순무를 잡아당겼지만 나오지 않았다. 농부의 아내는 어린 소녀를 불렀다. 농부와 아내, 그리고 어린 소녀가 순무를 잡아당겼지만 그것은 나오지 않았다. 그들은 개와 고양이, 쥐를 불렀다. 그들은 함께 순무를 잡아당겼다. 순무는 땅 밖으로 나왔다! 그들은 순무로 수프를 만들어 함께 먹었다.

B

1 The farmer's wife / came / grabbed / the farmer

2 They / pulled / the turnip /

it / did not come up

3 The farmer's wife / called / the little girl

4 The farmer, his wife and the little girl / pulled / the turnip /
it / did not come up

5 They / called / the dog, the cat and the mouse

6 They / pulled / the turnip / together

7 It / came / out of the ground

8 They / made / soup / with the turnip /
ate / together

C

1 1 — 3 — 2

2 1) made　2) ate

Unit 05 [품사] 동사 1_서술어

pp.34~39

A

1 ⓐ　**2** ⓔ　**3** ⓖ　**4** ⓓ

5 ⓑ　**6** ⓗ　**7** ⓒ　**8** ⓕ

B

1 ate / 먹었다　　**2** sat / 앉았다

3 is / 이다　　**4** reads / 읽는다

5 have / 가지고 있다　　**6** is / 있다

7 ran / 달렸다　　**8** walk / 걸어간다

C

1 다이어그램 The car / at the corner　한글 뜻 멈췄다
▶ 그 차는 모퉁이에서 멈췄다.

2 다이어그램 The boy / to his mom　한글 뜻 말했다
▶ 그 소년은 그의 엄마에게 말했다.

3 다이어그램 She / all night　한글 뜻 잤다
▶ 그녀는 밤새 잠을 잤다.

4 다이어그램 His dog / around the park　한글 뜻 달렸다
▶ 그의 개는 공원 주위를 달렸다.

5 다이어그램 Jimmy / over the pond　한글 뜻 뛰었다
▶ Jimmy는 연못 위로 뛰었다.

6 다이어그램 He / an actor　한글 뜻 되었다
▶ 그는 배우가 되었다.

7 다이어그램 Your sister / smart　한글 뜻 보인다
▶ 너의 누나는 똑똑해 보인다.

8 다이어그램 The idea / great　한글 뜻 들린다
▶ 아주 좋은 생각인 것 같다.

9 다이어그램 The flowers / sweet　한글 뜻 냄새가 났다
▶ 그 꽃들은 달콤한 냄새가 났다.

10 다이어그램 His face / red　한글 뜻 변했다
▶ 그의 얼굴은 빨갛게 변했다.

11 다이어그램 Jenny / the ball / to Sophia　한글 뜻 던졌다
▶ Jenny는 Sophia에게 공을 던졌다.

12 다이어그램 We / cheese / for the picture
한글 뜻 말한다
▶ 우리는 사진을 위해 치즈라고 말한다(웃는다).

13 다이어그램 We / eggs / for breakfast　한글 뜻 먹는다
▶ 우리는 아침 식사로 달걀을 먹는다.

14 다이어그램 Anne / the book / for two hours
한글 뜻 읽는다
▶ Anne은 2시간 동안 그 책을 읽는다.

15 다이어그램 Her uncle / his new car / to work
한글 뜻 운전했다
▶ 그녀의 삼촌은 직장까지 그의 새 자동차를 운전했다.

D

1 My mom /(drinks)/ her coffee.
▶ 나의 엄마는 커피를 마신다.

2 My brother /(likes)/ bananas.
▶ 나의 형은 바나나를 좋아한다.

3 I /(felt)/ angry / last night.
▶ 나는 어젯밤에 화가 났다.

4 We /(met)/ the players / yesterday.
▶ 우리를 어제 그 선수들을 만났다.

5 He /(walks)/ his dog / at night.
▶ 그는 밤에 그의 개를 산책시킨다.

Unit 06 [Story] The Three Little Pigs (1)

pp.40~45

Short Story 1

A

1 Mike / looked at / his sister

2 She / pointed to / the mountain

3 A tiger / was coming / down / toward them

4 It / was / very near

▶ Mike는 그의 여동생을 바라보았다. 그녀는 산 쪽을 가리켰다. 호랑이 한 마리가 그들을 향해 내려오고 있었다. 호랑이는 매우 가까이 있었다.

B

1 Yes   2 Yes

Short Story 2

A

1 Spiders / have / eight legs

2 They / like / to eat insects

3 Many spiders / spin / a web

4 They / use / the web / to catch food

▶ 거미는 다리가 여덟 개다. 거미들은 곤충 먹는 것을 좋아한다. 많은 거미들이 거미줄을 친다. 그들은 거미줄로 먹이를 잡는다.

B ⓐ insects

Short Story 3

A

1 Bob / read / the sentences / again

2 They / were / beautiful

3 Bob / reached / into his backpack / pulled out / his notebook

4 He / always / kept / notes

▶ Bob은 문장들을 다시 읽었다. 문장들은 아름다웠다. Bob은 배낭 안에 손을 넣어 공책을 꺼냈다. 그는 항상 메모를 했다.

B 1) sentences   2) notes

Long Story

A

▶ 아기 돼지 세 마리가 집을 지었다. 첫째 아기 돼지는 짚으로 된 집을 지었다. 둘째 아기 돼지는 나뭇가지로 된 집을 지었다. 두 아기 돼지들은 매우 빨리 집을 지었다. 그들은 하루 종일 노래 부르고 춤을 췄다. 셋째 아기 돼지는 하루 종일 열심히 일했다. 그는 벽돌로 된 집을 지었다. 크고 나쁜 늑대가 두 아기 돼지를 보았다. 늑대는 두 아기 돼지를 쫓아갔다. 그들은 달려가서 자신들의 집에 숨었다.

B

1 Three little pigs / built / their houses

2 The first little pig / built / a house / of straw

3 The second little pig / built / his house / of sticks

4 The two little pigs / built / their houses / very quickly

5 They / sang / danced / all day

6 The third little pig / worked / hard / all day

7 He / built / his house / of bricks

8 A big bad wolf / saw / the two little pigs

9 He / chased / the two little pigs

10 They / ran / hid / in their houses

C

1 1) No   2) Yes   3) No

2 ⓑ straw

Unit 07 [품사] 명사 2_목적어, 보어

pp.46~51

A

1 ○   2 △

3 △   4 △

5 ○   6 △

B

1 his songs / 그의 노래를

2 David / David를

3 soccer / 축구를

4 two wings / 날개를

5 his car / 그의 차를

6 my cake / 나의 케이크를

7 many games / 많은 경기를

8 peace / 평화를

C

1 다이어그램 I / am 한글뜻 너의 친구
　▶ 나는 너의 친구다.

2 다이어그램 The box / is 한글뜻 선물
　▶ 그 상자는 선물이다.

3 다이어그램 His uncle / was 한글뜻 조종사
　▶ 그의 삼촌은 조종사였다.

4 다이어그램 Those / are 한글뜻 나의 신발
　▶ 저것들은 나의 신발이다.

5 다이어그램 You / were 한글뜻 우리의 유일한 희망
　▶ 너는 우리의 유일한 희망이었다.

6 다이어그램 These / are 한글뜻 너의 책들
　▶ 이것들은 너의 책들이다.

7 다이어그램 It / was 한글뜻 큰 실수
　▶ 그것은 큰 실수였다.

8 다이어그램 My dad and I / caught
　한글뜻 많은 물고기를
　▶ 아빠와 나는 많은 물고기를 잡았다.

9 다이어그램 He / eats / for breakfast 한글뜻 빵을
　▶ 그는 빵을 아침 식사로 먹는다.

10 다이어그램 The world / wants / for everyone
　한글뜻 평화를
　▶ 세상은 모두를 위한 평화를 원한다.

11 다이어그램 Max / forgot 한글뜻 그의 열쇠를
　▶ Max는 그의 열쇠를 깜빡했다.

12 다이어그램 I / had / at the party 한글뜻 재미를
　▶ 나는 파티에서 재미있었다(재미를 가졌다).

13 다이어그램 The family / keeps
　한글뜻 고양이 한 마리와 개 두 마리를
　▶ 그 가족은 고양이 한 마리와 개 두 마리를 키운다.

14 다이어그램 She / wrote / on Indian cooking
　한글뜻 책을
　▶ 그녀는 인도 요리에 관한 책을 썼다.

15 다이어그램 We / played / on Sunday 한글뜻 야구를
　▶ 우리는 일요일에 야구를 했다.

D

1 I / washed / my feet. 목적어
　▶ 나는 발을 닦았다.

2 We / heard / the news / yesterday. 목적어
　▶ 우리는 어제 그 소식을 들었다.

3 His sister / was / a famous dancer 보어
　▶ 그의 누나는 유명한 무용수였다.

4 Insects / have / six legs 목적어
　▶ 곤충들은 여섯 개의 다리를 가지고 있다.

5 These / are / my best shoes 보어
　▶ 이것들이 나의 최고의 신발이다.

Unit 08 [Story] The Three Little Pigs (2)
pp.52~57

Short Story 1

A

1 Aladdin / went / through the small cave

2 He / found / an old lamp

3 By accident / Aladdin / rubbed / the lamp

4 Suddenly / a big genie / came / out of the lamp
　▶ Aladdin은 작은 동굴로 들어갔다. 그는 오래된 램프를 발견했다. Aladdin은 우연히 램프를 문질렀다. 갑자기 커다란 요정이 램프에서 나왔다.

B

1 Yes　**2** No

Short Story 2

A

1 Seals / live / in the oceans / on land

2 They / eat / different kinds / of sea animals

3 They / are / good swimmers

4 They / use / their flippers / they / move

▶ 바다표범은 바다에서도 살고 육지에서도 산다. 그들은 다양한 종류의 해양 동물들을 먹는다. 그들은 수영을 잘한다. 그들은 움직일 때 지느러미발을 사용한다.

Short Story 3

A

1 A very strange thing / happened

2 The house / moved / it / went up / in the sky

3 Dorothy / looked / out the door

4 She / saw / hills and houses / a long way down

▶ 아주 이상한 일이 일어났다. 집이 움직이더니 하늘로 올라갔다. Dorothy는 문 밖을 보았다. 언덕과 집들이 저 아래 멀리 있는 것이 보였다.

B Yes

Long Story

A

▶ 크고 나쁜 늑대가 지푸라기 집을 불어 날려 버렸다. 늑대는 나뭇가지 집도 불어 날려 버렸다. 두 아기 돼지는 셋째 아기 돼지의 집으로 달려갔다. 늑대는 벽돌 집을 날려 버리려고 했다. 그러나 벽돌 집은 아주 튼튼했다. 그래서 늑대는 굴뚝을 통해 안으로 들어가려고 했다. 셋째 아기 돼지는 아주 큰 솥에 물을 끓여 굴뚝 밑에 놓았다. 늑대는 솥 안으로 떨어져서 죽었다.

B

1 The big bad wolf / blew down / the straw house

2 He / also / blew down / the stick house

3 The two little pigs / ran / to the third little pig's house

4 The wolf / tried / to blow down / the brick house

5 the brick house / was / very strong

6 the wolf / tried / to enter / through the chimney

7 The third little pig / boiled / a big pot / of water / kept / it / below the chimney

8 The wolf / fell / into it / died

C

1 ⓐ the wolf

2 1) b<u>rick</u> 2) s<u>trong</u>

Unit 09 [품사] 대명사 2_목적어
pp.58~63

A

1 ⓐ me **2** ⓒ him **3** ⓕ us **4** ⓓ it

5 ⓑ her **6** ⓔ you **7** ⓖ them **8** ⓔ you

B

1 her / 그녀를 **2** us / 우리를

3 me / 나를 **4** them / 그것들을

5 me / 나에게 **6** us / 우리에게

7 him / 그에게 **8** it / 그것을

C

1 다이어그램 I / saw / in town 한글 뜻 그를
▶ 나는 그를 시내에서 보았다.

2 다이어그램 The boy / hugged / tight 한글 뜻 그녀를
▶ 그 소년은 그녀를 꽉 껴안았다.

3 다이어그램 We / met / at the bus stop 한글 뜻 그들을
▶ 우리는 그들을 버스 정류장에서 만났다.

4 다이어그램 I / like / very much 한글 뜻 그것을
▶ 나는 그것을 매우 좋아한다.

5 다이어그램 You / know / well 한글 뜻 나를
▶ 너는 나를 잘 안다.

6 다이어그램 The farmer / is catching 한글 뜻 그것들을
▶ 그 농부가 그것들을[그들을] 잡고 있다.

7 다이어그램 The children / are watching 한글 뜻 그것을
▶ 그 아이들이 그것을 지켜보고 있다.

8 다이어그램 Your friend / is helping 한글 뜻 우리를

   ▶ 너의 친구가 우리를 돕고 있다.

9 다이어그램 Give / your book 한글 뜻 그녀에게

   ▶ 그녀에게 네 책을 줘라.

10 다이어그램 Send / an email 한글 뜻 나에게

   ▶ 나에게 이메일을 보내 줘라.

11 다이어그램 Tell / the news 한글 뜻 그들에게

   ▶ 그들에게 그 소식을 전해 줘라.

12 다이어그램 Teach / a lesson 한글 뜻 우리에게

   ▶ 우리에게 교훈을 가르쳐 줘라.

13 다이어그램 Show / your ID card 한글 뜻 나에게

   ▶ 나에게 너의 신분증을 보여 줘라.

14 다이어그램 Bring / a cup of tea 한글 뜻 그에게

   ▶ 그에게 차 한 잔 갖다 줘라.

15 다이어그램 Buy / a doll 한글 뜻 그녀에게

   ▶ 그녀에게 인형을 사 줘라.

D

1 Give / (she / her / you) / the pen.

   ▶ 너의 여동생에게(→ 그녀에게) 그 펜을 줘라.

2 I / see / (him / he / it) / every day.

   ▶ 나는 매일 그녀의 남동생을(→ 그를) 본다.

3 Buy / (they / me / them) / some ice cream.

   ▶ 그 아이들에게(→ 그들에게) 아이스크림을 사 줘라.

Unit 10 [Story]
Little Red Riding Hood (1)
pp.64~69

Short Story 1

A

1 Peter / loves / animals / very much

2 Today / he / learned / about frogs / in science class

3 His teacher / showed / a movie / about frogs

4 Peter / enjoyed / the movie / a lot

   ▶ Peter는 동물들을 매우 좋아한다. 오늘 그는 과학 시간에 개구리에 대해 배웠다. 그의 선생님은 개구리에 관한 영화를 보여 주셨다. Peter는 그 영화가 너무 재미있었다.

B

  No

Short Story 2

A

1 A desert / is / a very dry land

2 It / gets / little rain

3 The air / is / very hot / in the daytime

4 At night / the desert / becomes / very cool

5 Only / a few plants / grow / in the desert

   ▶ 사막은 매우 건조한 땅이다. 사막에는 비가 거의 내리지 않는다. 낮에는 공기가 매우 뜨겁다. 밤에 사막은 매우 시원해진다. 사막에는 단지 몇 가지 식물만이 자란다.

Short Story 3

A

1 Beth / looked around / the room

2 She / found / new things / in the room

3 were / some books, new shoes and a winter coat

4 She / didn't see / them / before

   ▶ Beth는 방을 둘러 보았다. 그녀는 방에서 새로운 물건들을 발견했다. 책 몇 권과 새 신발, 겨울 외투가 있었다. 그녀는 전에는 그것들을 본 적이 없었다.

B   1) books   2) shoes

Long Story

A

   ▶ 빨간 모자 소녀는 늘 빨간 망토를 입었다. 하루는 그녀의 엄마가 그녀를 아픈 할머니께 보냈다. 그녀는 음식이 든 바구니를 들고 숲으로 달려갔다. 그녀는 가는 길에 덩치가 크고 나쁜 늑대를 만났다. 늑대는 그녀에게 어디에 가는 중인지 물었다. 그러고는 "꽃을 좀 꺾어서 할머니께 드리렴."이라고 말했다. 소녀는 꽃을 몇 송이 꺾었다. 늑대는 할머니의 집으로 달려갔다. 그는 한입에 할머니를 먹어 치웠다.

B

1 Little Red Riding Hood / always / wore / a red riding cloak

2 One day / her mother / sent / her / to her ill grandmother

3 She / took / a basket / of food /
ran / into the woods

4 She / met / the Big Bad Wolf / on her way

5 He / asked / her / where she was going

6 he / said / Pick / some flowers /
for your grandmother

7 The girl / picked / some flowers

8 The wolf / ran / to Grandma's house

9 He / ate up / the grandma / in one bite

C

1 ⓑ Little Red Riding Hood

2 1) wolf   2) Grandma

Unit 11 [품사] 동사 2_부정문   pp.70~75

A

1 1) don't/doesn't run   2) didn't run

2 1) don't/doesn't buy   2) didn't buy

3 1) don't/doesn't sit   2) didn't sit

4 1) don't/doesn't sleep 2) didn't sleep

B

1 doesn't say / 말하지 않는다

2 don't ask / 묻지 않는다

3 didn't sit / 앉지 않았다

4 doesn't ride / 타지 않는다

5 didn't run / 달리지 않았다

6 don't play / 하지 않는다

7 didn't come / 오지 않았다

C

1 다이어그램 We / together 한글 뜻 노래하지 않는다
▶ 우리는 함께 노래하지 않는다.

2 다이어그램 My sister / early 한글 뜻 일어나지 않는다
▶ 나의 누나는 일찍 일어나지 않는다.

3 다이어그램 He / home 한글 뜻 머무르지 않았다
▶ 그는 집에 머무르지 않았다.

4 다이어그램 They / outside 한글 뜻 놀지 않는다
▶ 그들은 밖에서 놀지 않는다.

5 다이어그램 The baby / at all 한글 뜻 울지 않았다
▶ 그 아기는 전혀 울지 않았다.

6 다이어그램 anything 한글 뜻 말하지 마
▶ 아무 말도 하지 마.

7 다이어그램 the window 한글 뜻 열지 마
▶ 창문을 열지 마.

8 다이어그램 my cookie 한글 뜻 먹지 마
▶ 내 쿠키 먹지 마.

9 다이어그램 I / happy / about that 한글 뜻 아니다
▶ 나는 그것에 관해 행복하지 않다(행복한 게 아니다).

10 다이어그램 Jim / at home 한글 뜻 없었다
▶ Jim은 집에 없었다.

11 다이어그램 You / ready / yet 한글 뜻 아니다
▶ 너는 아직 준비가 안 되었다(준비된 게 아니다).

12 다이어그램 The children / in the room 한글 뜻 없었다
▶ 그 아이들은 방에 없었다.

13 다이어그램 We / late / for school 한글 뜻 아니었다
▶ 우리는 학교에 늦지 않았다(늦은 게 아니었다).

14 다이어그램 This / true / 18 years ago 한글 뜻 아니었다
▶ 이것은 18년 전엔 사실이 아니었다.

15 다이어그램 This / a good idea 한글 뜻 아니다
▶ 이것은 좋은 생각이 아니다.

D

1 They (weren't)/ very kind.
▶ 그들은 아주 친절하지는 않았다.

2 I /(am not)/ sad / now.
▶ 나는 지금 슬프지 않다.

3 The soup (wasn't)/ warm.
▶ 그 수프는 따뜻하지 않았다.

4 Our hands /(are not)/ clean.
▶ 우리 손은 깨끗하지 않다.

5 She /(wasn't)/ a good singer.
▶ 그녀는 좋은 가수는 아니었다.

Unit 12 [Story] Little Red Riding Hood (2)

Short Story 1

A

1 Mary's parents / planned / a surprise party
2 They / invited / Mary's friends / to her birthday party
3 Mary / came / home
4 She / was / surprised / to see / all her friends
   ▶ Mary의 부모님은 깜짝 파티를 계획했다. 그들은 Mary의 친구들을 그녀의 생일 파티에 초대했다. Mary가 집에 왔다. 그녀는 친구들 모두를 보고 깜짝 놀랐다.

B 1) parents   2) party

Short Story 2

A

1 A library / has / many books / to read
2 It / is / a quiet place
3 You / can read / books / at the library
4 You / also / can borrow / books / to take home
   ▶ 도서관에는 읽을 책들이 많다. 도서관은 조용한 장소다. 너는 도서관에서 책을 읽을 수 있다. 또한 집에 가져갈 책들을 빌릴 수도 있다.

B

1 No   **2** Yes   **3** Yes

Short Story 3

A

1 The Queen / stood / in front of her magic mirror
2 She / asked / Who / is / the most beautiful / of all
3 The mirror / answered / Snow White / is / more beautiful / than you
4 The Queen / was / very angry
   ▶ 여왕은 그녀의 마법 거울 앞에 섰다. 그녀는 "모든 이들 중에서 누가 가장 아름답지?"라고 물었다. 거울은 "백설 공주가 여왕님보다 아름다워요."라고 대답했다. 여왕은 매우 화가 났다.

B Snow White

Long Story

A

▶ 크고 나쁜 늑대는 할머니의 옷을 입었다. 늑대는 빨간 모자 소녀를 기다렸다. 그녀는 할머니의 침대 곁으로 갔다. 할머니는 매우 이상해 보였다. 늑대는 침대에서 뛰어 일어났다. 그리고 그녀를 잡아먹었다. 늑대는 다시 침대에 누웠다. 늑대는 코를 골기 시작했다. 한 사냥꾼이 그 소리를 듣고 그 집으로 달려갔다. 그는 잠자는 늑대의 배를 갈랐다. 할머니와 소녀는 살아서 밖으로 나왔다.

B

1 The Big Bad Wolf / wore / Grandma's clothes
2 The wolf / waited for / Little Red Riding Hood
3 She / went / to Grandma's bed
4 Grandma / looked / very strange
5 The wolf / jumped / out of bed
6 he / ate / her / up
7 The wolf / lay down / again / on the bed
8 He / began / to snore
9 A hunter / heard / the sound / ran / to the house
10 He / cut open / the sleeping wolf's belly
11 Grandma and the girl / came out / alive

C

1 ⓐ the wolf
2 2 — 1 — 3

Unit 13 [품사] 동사 3_의문문

A

1 1) Do/Does, drink 2) Did, drink
2 1) Do/Does, wash 2) Did, wash
3 1) Do/Does, read 2) Did, read
4 1) Do/Does, sing 2) Did, sing

B

1 Did / see (보았니) **2** Did / wash (씻었니)

3 Do / get up (일어나니) **4** Does / play (하니)

5 Did / laugh (웃었니) **6** Does / grow (자라니)

7 Do / tell (알려주니) **8** Does / drink (마시니)

C

1 다이어그램 Do / you / to school 한글 뜻 걸어가니
  ▶ 너는 학교까지 걸어가니?

2 다이어그램 Did / they / in the morning 한글 뜻 뛰었니
  ▶ 그들은 아침에 뛰었니?

3 다이어그램 Does / he / on time 한글 뜻 오니
  ▶ 그는 제시간에 오니?

4 다이어그램 Did / Ann / in the car 한글 뜻 기다렸니
  ▶ Ann은 차에서 기다렸니?

5 다이어그램 Who / do / you 한글 뜻 아니
  ▶ 너는 누구를 아니?

6 다이어그램 Who / does / Jack 한글 뜻 좋아하니
  ▶ Jack은 누구를 좋아하니?

7 다이어그램 What / did / we 한글 뜻 주문했니
  ▶ 우리는 무엇을 주문했니?

8 다이어그램 What / do / they 한글 뜻 필요하니
  ▶ 그들은 무엇이 필요하니?

9 다이어그램 What / does / she 한글 뜻 가르치니
  ▶ 그녀는 무엇을 가르치니?

10 다이어그램 Who / did / you 한글 뜻 전화했니
  ▶ 너는 누구에게 전화했니?

11 다이어그램 Where / did / he / lunch 한글 뜻 먹었니
  ▶ 그는 어디서 점심을 먹었니?

12 다이어그램 When / does / the plane 한글 뜻 도착하니
  ▶ 비행기는 언제 도착하니?

13 다이어그램 When / does / the class 한글 뜻 시작하니
  ▶ 수업은 언제 시작하니?

14 다이어그램 Where / did / you / that 한글 뜻 읽었니
  ▶ 너는 그것을 어디서 읽었니?

15 다이어그램 When / do / they / her 한글 뜻 만나니
  ▶ 그들은 언제 그녀를 만나니?

D

1 When /(do)/ you /(get up)?
  ▶ 너는 언제 일어나니?

2 Where /(does)/ his family /(live)?
  ▶ 그의 가족은 어디에 사니?

3 What /(did)/ they /(say)?
  ▶ 그들이 뭐라고 말했니?

4 What /(did)/ they /(wash)?
  ▶ 그들이 무엇을 썼었니?

5 Who /(does)/ she /(miss)?
  ▶ 그녀가 누구를 그리워하니?

Unit 14 **[Story]** **Hansel and Gretel (1)** pp.88~93

Short Story 1

A

1 Alex and Ann / are / twins

2 Their birthday / is / next week

3 They / both / want / their own party

4 Mom / tells / them / they / can have / one big party
  ▶ Alex와 Ann은 쌍둥이다. 그들의 생일은 다음 주에 있다. 그들은 둘 다 각자의 파티를 원한다. 그러나 엄마는 그들에게 한 번의 큰 파티만 가능하다고 말한다.

B ⓐ birthday party

Short Story 2

A

1 Farmers / grow / most of food /
  we / eat

2 Some farmers / raise / animals / for food

3 They / sell / milk / from cows

4 They / sell / eggs / from chickens
  ▶ 농부들은 우리가 먹는 대부분의 음식을 재배한다. 어떤 농부들은 음식을 얻기 위한 동물들을 기른다. 그들은 소들에게서 나온 우유를 판매한다. 그들은 닭들에게서 나온 달걀들을 판매한다.

B

1 No   **2** Yes   **3** No

Short Story 3

A

1 Goldilocks / found / three bowls / of porridge / on the table

2 The first one / was / too hot

3 The next one / was / too cold

4 The third one / was / just right / she / ate / it all / up

▶ Goldilocks는 식탁에서 죽 세 그릇을 발견했다. 첫 번째 죽은 너무 뜨거웠다. 그 다음 죽은 너무 차가웠다. 세 번째 죽이 딱 적당해서 그녀는 다 먹어버렸다.

B No

Long Story

A

▶ 옛날 옛적에, 가난한 나무꾼이 아내와 두 아이들과 함께 살았다. Hansel과 Gretel은 어린 남매였다. 어느 날 가족이 숲으로 걸어 들어갔다. Hansel과 Gretel의 부모는 그들을 그곳에 남겨두고 가 버렸다. 아이들은 숲에서 길을 잃었고 밤새 헤매었다. 그들은 작은 집을 발견했다. 그것은 생강빵과 사탕으로 만들어진 집이었다. Hansel과 Gretel은 배도 고프고 피곤했다. 그들은 그 집을 먹기 시작했다. 그 집은 아주 맛있었다!

B

1 Once upon a time / lived / a poor woodcutter / with his wife and two children

2 Hansel and Gretel / were / a young brother and sister

3 One day / the family / walked / into the woods

4 Their parents / left / Hansel and Gretel / there

5 The children / were / lost / in the woods / wandered / about the whole night

6 They / found / a small house

7 It / was made / of gingerbread and candy

8 Hansel and Gretel / were / hungry and tired

9 They / began / to eat the house

10 It / was / very delicious

C   1) house   2) candy

Unit 15 [품사] 조동사   pp.94~99

A

1   1) — ⓒ   2) — ⓐ   3) — ⓑ

2   1) — ⓒ   2) — ⓐ   3) — ⓑ

3   1) — ⓐ   2) — ⓒ   3) — ⓑ

B

1 should wear / 입어야 한다

2 will clean / 청소할 것이다

3 should wait / 기다려야 한다

4 won't be / 바쁘지 않을 것이다

5 shouldn't shout / 소리쳐서는 안 된다

6 Will, see / 만날 거니

7 Can, jump / 뛸 수 있니

8 Should, stay / 있어야 하니

C

1 다이어그램 Ducks / fast   한글 뜻 헤엄칠 수 있다
   ▶ 오리들은 빨리 헤엄칠 수 있다.

2 다이어그램 My team / this time   한글 뜻 이길 수 있다
   ▶ 나의 팀이 이번에는 이길 수 있다.

3 다이어그램 You / early   한글 뜻 떠나야 한다
   ▶ 너는 일찍 떠나야 한다.

4 다이어그램 We / outside   한글 뜻 놀 수 있다
   ▶ 우리는 밖에서 놀 수 있다.

5 다이어그램 My friends / here / tomorrow   한글 뜻 있을 것이다
   ▶ 내 친구들이 내일 여기 올 것이다(있을 것이다).

6 다이어그램 I / my homework   한글 뜻 할 수 없다
   ▶ 나는 숙제를 할 수가 없다.

7 다이어그램 We / a lie   한글 뜻 말하면 안 된다
   ▶ 우리는 거짓말을 하면 안 된다.

8 다이어그램 Leo and I / the movie
한글 뜻 보지 않을 것이다

▶ Leo와 나는 그 영화를 보지 않을 것이다.

9 다이어그램 You / food 한글 뜻 가져오면 안 된다

▶ 너는 음식을 가져오면 안 된다.

10 다이어그램 She / this heavy box 한글 뜻 옮길 수 없다

▶ 그녀는 이 무거운 상자를 옮길 수 없다.

11 다이어그램 When / can / we 한글 뜻 시작할 수 있니

▶ 우리는 언제 시작할 수 있니?

12 다이어그램 Where / will / you / tomorrow
한글 뜻 먹을 거니

▶ 너는 내일 어디서 먹을 거니?

13 다이어그램 Why / should / I
한글 뜻 미안하다고 말해야 하니

▶ 내가 왜 미안하다고 말해야 하니?

14 다이어그램 How / should / we 한글 뜻 호흡해야 하니

▶ 우리는 어떻게 호흡해야 하니?

15 다이어그램 How / can / you / for so long
한글 뜻 기억할 수 있니

▶ 너는 어떻게 그렇게 오래 기억할 수 있니?

D

1 The kid / (can climb) / a tree.

▶ 그 아이는 나무에 오를 수 있다.

2 We / (should take) / the bus.

▶ 우리는 그 버스를 타야 한다.

3 You / (can't take) / pictures / here.

▶ 너는 여기서 사진을 찍을 수 없다.

4 What / (will) / you / (eat) / for breakfast?

▶ 너는 아침 식사로 무엇을 먹을 거니?

5 Why / (should) / they / (talk) / to you?

▶ 그들이 왜 너에게 말해야 하니?

Unit **16** [Story]
Hansel and Gretel (2) pp.100~105

Short Story 1

A

1 Tom / went / to bed / at nine

2 He / was / tired /
he / couldn't sleep

3 He / heard / strange noises / in the dark

4 An owl / hooted / nearby

▶ Tom은 9시에 잠자리에 들었다. 그는 피곤했지만 잠을 잘
수가 없었다. 그는 어둠 속에서 이상한 소리를 들었다. 근
처에서 부엉이가 부엉부엉 울었다.

B No

Short Story 2

A

1 are / many kinds of doctors

2 Doctors / make / people / healthier

3 people / get / sick /
doctors / help / them / get better

4 They / also / help / people / keep healthy

▶ 많은 종류의 의사들이 있다. 의사들은 사람들을 더 건강하
게 만든다. 사람들이 아플 때 의사들은 그들이 더 좋아지도
록 돕는다. 그들은 또 사람들이 건강을 유지하게 돕는다.

B Yes

Short Story 3

A

1 The little mermaid / had / five sisters

2 They / were / all beautiful / with long hair and tails

3 The little mermaid / was / the youngest

4 She / was / very beautiful

▶ 인어공주에겐 다섯 명의 자매가 있었다. 그들은 긴 머리와
꼬리가 있고 모두 아름다웠다. 인어공주가 막내였다. 그녀
는 매우 아름다웠다.

B

1 Yes **2** Yes **3** No

A

▶ 사악한 늙은 마녀가 그 집에 살고 있었다. 마녀는 Hansel을 우리에 가두었다. 그녀는 Hansel이 살쪘을 때 먹고 싶어했다. 불쌍한 Hansel을 위해 최상의 음식이 요리되었지만 Gretel은 아무것도 먹지 못했다. 어느 날 아침, 마녀는 Hansel을 먹을 준비가 되었다. 그녀는 커다란 솥에 물을 끓였다. 바로 그때 Gretel이 마녀를 뜨거운 솥에 밀어 넣었다. Gretel은 Hansel의 우리를 열고 그를 풀어 주었다. 두 아이는 마녀의 집에서 보물 상자를 발견했다. 그들은 보물을 갖고 행복하게 집으로 돌아갔다.

B

1 A wicked old witch / lived / in the house
2 The witch / locked / Hansel / in a cage
3 She / wanted / to eat Hansel /
he / was / fat
4 The best food / was cooked / for poor Hansel /
Gretel / got / nothing
5 One day morning / the witch / was / ready /
to eat Hansel
6 She / boiled / a huge pot / of water
7 Just then / Gretel / pushed / the witch /
into the hot pot
8 Gretel / opened / Hansel's cage /
set / her brother / free
9 The two children / found / a box / of treasure /
in the witch's house
10 They / happily / returned / home /
with the treasure

C 3 — 2 — 1

A

1 ⓑ **2** ⓒ **3** ⓐ
4 ⓔ **5** ⓕ **6** ⓓ

B

1 cold / 추웠다 **2** glad / 기쁘다
3 black / 검은 **4** wet / 젖었다
5 handsome / 잘생겨 **6** new / 새
7 bright / 밝았다 **8** young / 어리다

C

1 다이어그램 Sarah / is / of dogs 한글 뜻 두려워하는
▶ 사라는 개를 두려워한다.
2 다이어그램 John / is / with his test results
한글 뜻 만족한
▶ John은 그의 시험 결과에 만족한다.
3 다이어그램 You / are / to all of us 한글 뜻 친절한
▶ 너는 우리 모두에게 매우 친절하다.
4 다이어그램 He / is / at swimming 한글 뜻 아주 잘하는
▶ 그는 수영을 아주 잘한다.
5 다이어그램 The children / were / about the presents
한글 뜻 흥분한
▶ 그 아이들은 선물을 보고 흥분 상태였다.
6 다이어그램 My hair / was / than hers 한글 뜻 긴
▶ 내 머리는 그녀의 머리보다 길었다.
7 다이어그램 Students / are / than ever before
한글 뜻 바쁜
▶ 학생들은 그 어느 때보다도 바쁘다.
8 다이어그램 This box / was / than Jim's box
한글 뜻 작은
▶ 이 상자는 Jim의 상자보다 작았다.
9 다이어그램 The Earth / is / than the moon
한글 뜻 큰
▶ 지구는 달보다 크다.
10 다이어그램 Summer / is / than winter 한글 뜻 따뜻한
▶ 여름은 겨울보다 따뜻하다.

11 다이어그램 Alex / is / in the class 한글 뜻 영리한

▶ Alex는 그 반에서 가장 영리한 학생이다.

12 다이어그램 George / is / in the town 한글 뜻 착한

▶ George는 그 마을에서 가장 착한 사람이다.

13 다이어그램 Jupiter / is / in the solar system 한글 뜻 큰

▶ 목성은 태양계에서 가장 큰 행성이다.

14 다이어그램 I / am / in the world 한글 뜻 행복한

▶ 나는 세상에서 가장 행복한 사람이다.

15 다이어그램 Summer / is / of the year 한글 뜻 더운

▶ 여름은 일년 중 가장 더운 시기다.

D

1 I / was / (good) / at math.

▶ 나는 수학을 잘했다.

2 My brother / is / (taller) / than my father.

▶ 내 남동생은 아빠보다 더 크다.

3 John / is / (afraid) / of spiders and snakes.

▶ John은 거미와 뱀을 두려워한다.

4 My mother's cooking / is / (better) / than mine.

▶ 엄마의 요리가 내 요리보다 더 좋다.

5 This / is / (the smallest) house / in the town.

▶ 이것이 마을에서 가장 작은 집이다.

Unit 18 [Story] Jack and the Beanstalk (1)
pp.112~117

Short Story 1

A

1 Harry's aunt / looked around / her room

2 She / was / so happy / with the new house

3 She / sat down / by the fire

4 She / drank / a cup of hot tea

▶ Harry의 이모는 자신의 방을 둘러 보았다. 그녀는 새 집으로 아주 행복했다. 그녀는 난롯불 옆에 앉았다. 그녀는 뜨거운 차 한 잔을 마셨다.

B happy / new / drank / tea

Short Story 2

A

1 A human skeleton / has / about 206 bones

2 The bones / are / many different sizes and shapes

3 They / give / the body / shape

4 They / also / protect / the body parts

▶ 인간의 골격에는 대략 206개의 뼈가 있다. 그 뼈들은 크기와 모양이 아주 다양하다. 그것들은 몸에 형태를 부여한다. 또한 몸의 부위들을 보호한다.

B

1 ⓑ about 206 bones

2 ⓑ body parts

Short Story 3

A

1 Suddenly / the sky / went / black

2 The sea / was / black and angry

3 Water / came up / onto the ship / it / began / to break

4 People / all / jumped / into the water

▶ 갑자기 하늘이 캄캄해졌다. 바다는 검고 성나 있었다. 바닷물이 배 위로 올라왔고 배가 부서지기 시작했다. 사람들은 모두 물에 뛰어들었다.

B

1 Yes **2** No

Long Story

A

▶ 옛날 옛적에, 가난한 과부와 Jack이라는 아들이 살았다. 어느 날 Jack의 엄마는 Jack에게 한 마리 뿐인 그들의 소를 팔라고 말했다. Jack은 시장에 갔다. 한 노인이 그 소를 사고 싶어 했다. Jack은 노인의 마법의 콩 다섯 개에 그 소를 팔았다! Jack이 집에 도착했을 때 그의 엄마는 매우 화를 냈다. 그녀는 콩을 창 밖으로 던졌다. 다음 날 Jack은 정원에 있는 거대한 콩나무 줄기를 보았다. 그는 콩줄기를 타고 올라가 하늘에 있는 거대한 성에 다다랐다. 성에는 거인과 그의 아내가 살고 있었다.

B

1 Once upon a time / lived / a poor widow /

her son Jack

2 One day / Jack's mother / told / him /
to sell their only cow

3 Jack / went / to the market

4 An old man / wanted / to buy the cow

5 Jack / sold / the cow / for his five magic beans

6 he / reached / home /
his mother / was / very angry

7 She / threw / the beans / out of the window

8 The next day / Jack / saw / a huge beanstalk /
in the garden

9 He / climbed up / the beanstalk /
reached / a huge castle / in the sky

10 lived / a giant and his wife / in the castle

C

1 No   **2** No   **3** Yes

Unit 19 [품사] 부사_수식어
pp.118~123

A

Place (장소) 어디서	there	far	home	outside
Manner(방법) 어떻게	well	quickly	hard	slowly
Time(시간) 언제	yesterday	today	early	now
Degree(정도) 얼마나, 어느 정도	very	too	much	really

B

1 outside / today 오늘, 밖에서

2 there 거기서

3 so / now 지금, 너무

4 very / well 매우, 잘

5 home / next week 다음 주에, 집에

6 quietly 조용히

7 slowly / now 지금, 천천히

8 very / hard 매우, 열심히

C

1 다이어그램 I / am listening 한글 뜻 주의 깊게
▶ 나는 주의 깊게 듣고 있다.

2 다이어그램 The train / is moving 한글 뜻 매우 느리게
▶ 그 기차는 매우 느리게 움직이고 있다.

3 다이어그램 The horses / are running 한글 뜻 정말 빨리
▶ 말들이 정말 빨리 달리고 있다.

4 다이어그램 The dog / is sleeping / on her bed
한글 뜻 평화롭게
▶ 그 개는 그녀의 침대에서 평화롭게 자고 있다.

5 다이어그램 Max / is singing / in the shower
한글 뜻 큰 소리로
▶ Max는 샤워하면서 큰 소리로 노래하고 있다.

6 다이어그램 The mountains / are 한글 뜻 매우
▶ 그 산들은 매우 높다.

7 다이어그램 I / was 한글 뜻 아주 / 어제
▶ 나는 어제 너무 바빴다.

8 다이어그램 The boys / were 한글 뜻 정말 / 오늘
▶ 그 소년들은 오늘 정말 배가 고팠다.

9 다이어그램 Nothing / is / than this 한글 뜻 더
▶ 이것보다 더 재미있는 것은 없다.

10 다이어그램 She / is / than before 한글 뜻 더
▶ 그녀는 전보다 더 아름답다.

11 다이어그램 I / was / than Jack / after the race
한글 뜻 더
▶ 나는 경주 이후 Jack보다 더 피곤했다.

12 다이어그램 The math test / was / of all the tests
한글 뜻 가장
▶ 수학 시험이 모든 시험들 중에서 가장 어려웠다.

13 다이어그램 Health / is 한글 뜻 가장
▶ 건강이 가장 중요한 것이다.

14 다이어그램 Switzerland / is / in Europe 한글 뜻 가장
▶ 스위스가 유럽에서 가장 비싼 나라다.

15 다이어그램 Parents / are / in a child's world
한글 뜻 가장
▶ 부모가 아이의 세상에서 가장 중요한 사람들이다.

D

1 The roads / are / (very) busy.
▶ 도로들이 아주 붐빈다.

2 The baby / smiled / happily.

▶ 그 아기는 행복하게 미소지었다.

3 My dad / was driving / very carefully.

▶ 아빠는 아주 조심스럽게 운전하고 계셨다.

4 This / is / the most interesting book.

▶ 이것이 가장 흥미로운 책이다.

5 It / was / really hot / today.

▶ 오늘 정말 더웠다.

Unit 20 [Story]
Jack and the Beanstalk (2)   pp.124~129

Short Story 1

A

1 The singer / stood / on the stage

2 He / felt / a thousand eyes / staring at him

3 He / opened / his mouth

4 He / tried / to sing /
no sound / came out

▶ 그 가수는 무대 위에 섰다. 그는 천 개의 눈이 자신을 응시하고 있음을 느꼈다. 그는 입을 열었다. 그는 노래를 부르려고 애를 썼지만 아무 소리도 나오지 않았다.

B stage / sing / sound

Short Story 2

A

1 A ship / is / a large boat

2 It / sails / on the ocean

3 Ships / carry / people /
things / from place to place

4 People / use / different types / of ships /
for many different purposes

▶ 선박은 큰 배다. 그것은 대양을 항해한다. 선박은 사람이나 물건들을 이곳에서 저곳으로 실어 나른다. 사람들은 여러 가지 다양한 목적을 위해 다양한 형태의 선박들을 사용한다.

Short Story 3

A

1 Bella / was / a kind and clever girl

2 She / loved / reading

3 Her two older sisters / were / often / nasty / to her

4 They / only / liked / to wear fine clothes /
go to parties

▶ Bella는 친절하고 영리한 소녀였다. 그녀는 독서를 아주 좋아했다. 그녀의 두 언니는 그녀에게 자주 못되게 굴었다. 그들은 멋진 옷을 입고 파티에 가는 것만 좋아했다.

B

1 Yes   **2** No

Long Story

A

▶ Jack은 부엌에서 거인의 아내를 만났다. 친절한 아내가 그에게 빵과 우유를 줬다. 그가 먹고 있는 동안 거인이 집에 돌아왔다. 여자는 Jack을 주전자 속에 숨겨 줬다. 거인은 부엌에서 소년의 냄새를 맡았다. 그러나 그는 음식을 먹고 금세 잠이 들었다. 그때 Jack은 거인의 마법 거위를 갖고 콩나무 줄기를 타고 내려갔다. Jack은 다시 거인의 집으로 가서 황금 하프를 가져갔다. Jack은 거인이 자신을 쫓아 내려오자 콩나무 줄기를 도끼로 잘랐다. 거인은 땅에 떨어져 죽었다.

B

1 Jack / met / the giant's wife / in the kitchen

2 The kind wife / gave / him / bread and some milk

3 he / was eating /
the giant / came / home

4 The woman / hid / Jack / in the kettle

5 The giant / smelled / the boy / in the kitchen

6 he / ate / his food /
then / he / fell / fast / asleep

7 Then / Jack / took / his magic goose /
climbed down / the beanstalk

8 Jack / went / to the giant's house / again /
took / his golden harp

9 Jack / chopped / the beanstalk / with an axe /
the giant / was following / him / down

10 The giant / fell / to the ground /
died

A

1	ⓐ	2	ⓑ	3	ⓕ
4	ⓗ	5	ⓒ	6	ⓓ
7	ⓖ	8	ⓔ		

B

1 on the same bench / 같은 벤치에
2 in the pond / 연못에
3 from America / 미국에서
4 to his sister / 그의 여동생에게
5 in the green box / 녹색 상자 안에
6 into the room / 방 안으로
7 out of the garden / 정원 밖으로
8 down the mountain / 산 아래로

C

1 다이어그램 He / rolled   한글 뜻 계단 아래로
   ▶ 그는 계단 아래로 굴러떨어졌다.

2 다이어그램 The little mermaid / lived
   한글 뜻 깊은 바다 속에
   ▶ 인어공주는 깊은 바다 속에 살았다.

3 다이어그램 The children / jumped   한글 뜻 강물 속으로
   ▶ 아이들은 강물 속으로 뛰어들었다.

4 다이어그램 You / should stand   한글 뜻 노란 선 뒤에
   ▶ 너희들은 노란 선 뒤에 서 있어야 한다.

5 다이어그램 The strong wind / is blowing
   한글 뜻 동쪽에서
   ▶ 강한 바람이 동쪽에서 불고 있다.

6 다이어그램 They / won't put / many books
   한글 뜻 그 안에
   ▶ 그들은 그 안에 책을 많이 넣지 않을 것이다.

7 다이어그램 Some boys / entered / the room
   한글 뜻 내 뒤에 있는
   ▶ 몇몇 소년들이 내 뒤에 있는 방에 들어갔다.

8 다이어그램 He / took / some coins
   한글 뜻 그의 주머니에서
   ▶ 그는 그의 주머니에서 동전 몇 개를 꺼냈다.

9 다이어그램 We / will send / a lot of money
   한글 뜻 그들에게
   ▶ 우리는 그들에게 많은 돈을 보낼 것이다.

10 다이어그램 Tom / rode / his bike
   한글 뜻 그의 집 주변에서
   ▶ Tom은 그의 집 주변에서 자전거를 탔다.

11 다이어그램 There / is / some milk   한글 뜻 냉장고에
   ▶ 냉장고에 우유가 좀 있다.

12 다이어그램 There / was / too much sugar
   한글 뜻 케이크에
   ▶ 케이크에 설탕이 너무 많이 들어 있었다.

13 다이어그램 There / are / a lot of birds
   한글 뜻 연못 근처에
   ▶ 연못 근처에 많은 새들이 있다.

14 다이어그램 There / were / a few pictures   한글 뜻 벽에
   ▶ 벽에 그림 몇 개가 있었다.

15 다이어그램 There / are / a lot of people
   한글 뜻 사진 속에
   ▶ 사진 속에는 많은 사람들이 있다.

D

1 The cat / sat / on the floor.
   ▶ 그 고양이는 바닥에 앉아 있었다.

2 Nancy / talked / to her friend.
   ▶ Nancy는 그녀의 친구들에게 말했다.

3 There / are / a lot of black clouds / in the sky.
   ▶ 하늘에 검은 구름들이 많다.

4 There / was / an earthquake / near the lake.
   ▶ 호수 근처에 지진이 있었다.

5 She / put / some Christmas gifts / under the tree.
   ▶ 그녀는 나무 아래에 크리스마스 선물 몇 개를 놓았다.

Unit 22 [Story] The Frog Prince (1)

Short Story 1

A

1 Helen / had / a fever / this morning

2 Her mom / took / her / to a doctor

3 The doctor / told / her / to take a pill / drink a lot of water

4 She / will get / better / tomorrow

▶ Helen은 오늘 아침에 열이 났다. 그녀의 엄마는 그녀를 의사에게 데리고 갔다. 의사는 그녀에게 약을 먹고 물을 많이 마시라고 했다. 내일은 그녀가 좋아질 것이다.

B fever / pill / water

Short Story 2

A

1 A penguin / is / a black and white sea bird

2 Its wings / look like / flippers

3 Penguins / cannot fly / they / can use / their wings / to swim

4 They / live / mostly / in cold ocean

▶ 펭귄은 검고 하얀 바다새다. 펭귄의 날개는 지느러미발처럼 생겼다. 펭귄들은 날지 못하지만 날개를 수영하는 데 사용할 수 있다. 그것들은 주로 차가운 바다에서 산다.

B No

Short Story 3

A

1 Gepetto / was / a carpenter / in a small town of Italy

2 He / was / poor / lived / alone

3 One day / he / made / a wooden puppet

4 It / looked like / a real boy

▶ Gepetto는 이탈리아의 작은 마을에 있는 목수였다. 그는 가난했고 혼자 살았다. 어느 날, 그는 목각 인형을 만들었다. 그것은 진짜 남자아이처럼 보였다.

B ⓑ a puppet

Long Story

A

▶ 어느 화창한 저녁, 어린 공주가 황금 공을 갖고 놀았다. 그녀는 공을 공중에 던졌다. 황금 공은 깊은 우물에 빠졌다. 공주는 울기 시작했다. 그녀는 옆에 앉아 있는 못생긴 개구리를 발견했다. 그 개구리는 "내가 당신 공을 가져올 수 있어요."라고 말했다. 그는 그녀와 함께 살고 싶어 했다. 공주는 개구리에게 무엇이든 하겠다고 약속했다. 개구리는 우물 속으로 뛰어들어 공을 가져와 공주에게 주었다. 어린 공주는 그녀의 공을 보자마자 그것을 갖고 집으로 도망갔다.

B

1 One fine evening / a young princess / played / with a golden ball

2 She / threw / the ball / into the air

3 The golden ball / fell / into the deep well

4 The princess / began / to cry

5 She / found / an ugly frog / sitting beside her

6 The frog / said / I / can bring back / your ball

7 He / wanted / to live with her

8 The princess / promised / him / to do anything

9 The frog / jumped / into the well / brought / the ball / to the princess

10 the young princess / saw / her ball / she / ran / home / with it

C 1) ball 2) frog

Unit 23 [품사] 전치사 2_시간, 기타
pp.142~147

A

1 1) — ⓑ   2) — ⓓ
  3) — ⓐ   4) — ⓒ

2 1) — ⓑ   2) — ⓐ
  3) — ⓓ   4) — ⓒ

3 1) — ⓒ   2) — ⓓ
  3) — ⓐ   4) — ⓑ

B

1 after winter / 겨울 뒤에

2 after class / 수업 끝나고

3 in the morning / 아침에

4 at night / 밤에

5 in May 2018 / 2018년 5월에

6 before sunset / 해가 지기 전에

7 on Saturday / 토요일에

8 in 1945 / 1945년에

C

1 다이어그램 Does / he / work 한글 뜻 저녁에
  ▶ 그는 저녁에 일하니?

2 다이어그램 Did / we / meet 한글 뜻 2020년에
  ▶ 우리가 2020년에 만났니?

3 다이어그램 Can / you / start 한글 뜻 월요일에
  ▶ 너는 월요일부터 시작할 수 있어?

4 다이어그램 Will / you / depart 한글 뜻 토요일에
  ▶ 너는 토요일에 출발할 거야?

5 다이어그램 Let's play / baseball 한글 뜻 점심 후에
  ▶ 점심 후에[먹고] 야구하자.

6 다이어그램 Let's wash / our hands 한글 뜻 식사 전에
  ▶ 먹기 전에 우리 손 씻자.

7 다이어그램 Let's finish / the job 한글 뜻 금요일 전에
  ▶ 금요일 전에 그 일을 끝내자.

8 다이어그램 Let's take / a break 한글 뜻 운동 후에
  ▶ 운동하고 나서 쉬자.

9 다이어그램 We / waited / here 한글 뜻 한 시간 동안
  ▶ 우리는 여기서 한 시간 동안 기다렸다.

10 다이어그램 The strong wind / blew 한글 뜻 이틀 동안
  ▶ 세찬 바람이 이틀 동안 불었다.

11 다이어그램 It / rained / a lot 한글 뜻 일주일 동안
  ▶ 일주일 동안 비가 많이 내렸다.

12 다이어그램 He / lived / in Paris 한글 뜻 몇 년 동안
  ▶ 그는 파리에서 몇 년간 살았다.

13 다이어그램 We / didn't sleep / at all 한글 뜻 3일 동안
  ▶ 우리는 3일 동안 전혀 못 잤다.

D

1 She / gets up / before sunrise
  ▶ 그녀는 해가 뜨기 전에 일어난다.

2 It / snowed / for three days
  ▶ 3일 동안 눈이 왔다.

3 The movie / starts / at three
  ▶ 그 영화는 3시에 시작한다.

4 My birthday / is / in March
  ▶ 내 생일은 3월에 있다.

5 I / visited / my uncle / during winter vacation
  ▶ 나는 겨울 방학 동안 삼촌을 방문했다.

Unit 24 [Story]
The Frog Prince (2) pp.148~153

Short Story 1

A

1 Mike / saw / a dog / on the sidewalk

2 The dog / looked / lost

3 he / patted / the dog / on the head /
  it / wagged / its tail

4 Then / it / followed / him / home
  ▶ Mike는 길에서 개 한 마리를 보았다. 그 개는 길을 잃은 것 같았다. 그가 개의 머리를 쓰다듬자 개는 꼬리를 흔들었다. 그러더니 개는 집까지 그를 따라왔다.

B dog / wagged / followed

Short Story 2

A

1 Food / is / what / people and animals / eat

2 It / gives / us / energy

3 It / makes / us / grow

4 Plants / make / their own food /
  from water, air, sunlight /
  minerals in the soil
  ▶ 음식이란 사람과 동물이 먹는 것이다. 음식은 우리에게 에

너지를 준다. 그것은 우리를 자라게 한다. 식물은 물, 공기, 햇빛과 토양 속 미네랄로부터 스스로의 식량을 만들어 낸다.

B
1 Yes **2** Yes **3** No

Short Story 3

A
1 Cinderella / ran / out of the palace /
down the stairs

2 One / of her glass shoes / fell off /
she / could not stop

3 she / left / it / on the stairs
▶ Cinderella는 궁전 밖으로 뛰어 나와 계단 아래로 뛰어 내려갔다. 그녀의 유리구두 한 짝이 떨어졌지만 그녀는 멈출 수 없었다. 그래서 그녀는 그것을 계단에 두고 왔다.

B ⓐ glass shoes

Long Story

A
▶ 밤이 되자 개구리는 궁전으로 왔다. 그는 공주를 데리러 왔다. 공주는 아버지에게 있었던 일을 모두 말했다. 왕은 그녀에게 약속을 지키라고 했다. 개구리는 들어와 공주 옆에 앉았다. 그는 공주의 접시에 있는 것을 먹고 잠도 그녀의 침대에서 잤다. 다음 날 아침 개구리는 그녀가 그에게 키스해 주길 원했다. 그녀가 개구리에게 키스하자마자 그는 왕자로 변했다! 사악한 마녀가 왕자에게 마법을 걸었던 것이었다. 왕자는 공주가 키스해 주기 전까진 개구리로 남아 있었다. 그들은 결혼해서 오래오래 행복하게 살았다.

B
1 In the night / the frog / came / to the palace
2 He / called for / the princess
3 The princess / told / her father / everything /
that happened
4 The king / told / her / to keep the promise
5 The frog / came in /
sat / next to the princess
6 He / ate / from her plate /
also / slept / on her bed

7 The next morning / the frog / wanted / her /
to kiss him
8 she / kissed / the frog /
he / turned into / a prince
9 An evil witch / put / a spell / on the prince
10 The prince / remained / a frog /
the princess / kissed / him
11 They / got married /
lived / happily / ever after